몸을
두고 왔나
봐

몸을
두고 왔나
봐

전성진
산문집

안온

회복의 시간을 함께한 모든 이에게,
특히 내밀한 이야기를 기꺼이 내어준 엄마에게.

프롤로그

두고 온 이야기

농담을 너무 많이 한다. 정신없이 뱉다 보면 진짜 하고 싶은 말을 까먹는다. 못한 말이 남아서 농담이 된다. 종종 어디까지가 농담이고 어디부터가 진담인지 헷갈려서 어리둥절하다. 그러다 마땅히 느껴야 할 감정을 놓친다.

2023년 5월 28일 베를린 볼더링 스튜디오에서 추락해 왼쪽 팔꿈치 인대 두 개가 파열되고, 왼쪽 발목이 삼중 골절됐다. 태어나서 느낀 적 없는 통증이었다. 하나도 웃기지 않고 오히려 눈물과 비명이 난무하는 사고였다. 그 와중에 나는 농담을 떠올렸다. 나중에 말하면 웃길 이야기와 우스운 장면을.

사고가 나고 3주 뒤 게스트로 종종 출연하던 코미디 팟캐스트 〈영혼의 노숙자〉에 출연했다. 팔과 다리에 깁스를 한 채로 방에 앉아 사고 후 생긴 농담을 줄줄이 풀어놓았다. 진통제에 취해서 이상한 목소리로 간호사 이름을 "니나, 니나, 니냐냐냐" 하고 부른 일이나 엄마가 화장실로 쳐들어와 팬티를 추킨 일은 내가 생각해도 웃겼다. 얼마 후 내가 나온 265화는 애플 팟캐스트 기준 '2023년 대한민국에서 가장 많이 공유된 에피소드' 2위에 이름을 올렸다. 1위는 〈송은이&김숙 비밀보장〉 유재석 편이었다.

　가문의 영광이었다. 인터넷 기사도 나고, 주변에서도 연락이 왔다. 포복절도했다거나, 웃다 못해 눈물을 흘렸다는 후기도 있었다. 뿌듯하고 기뻤다. 다치면서 한 고생을 일부 보상받은 듯했다. 고통스럽기만 했던 시간을 재해석해 다른 사람에게 웃음을 주다니, 건강하고 생산적이면서 긍정적인 해소법처럼 느껴졌다. 같은 방송에서 몇 번 더 부상 이야기를 했다. 역시 웃긴 얘기였다. 청취자도 좋아하고 나도 행복했다.

　그런데 '웃기다'는 칭찬이 쌓일수록 마음이 탁해졌다. 삐딱하게 서서 "다친 이야기가 웃겨요? 아팠을 때 이야기하는데 뭐가 그리 재미있어요?" 하고 시비를 걸고 싶었다. 웃으라고 농담을 해놓고는 막상 웃으니 와락 심술이 나는 꼴이었다.

막상 웃어서 미안하다는 소리를 들으면 그것대로 못마땅했다. 웃으라고 한 소리인데 뭐가 미안해요? 그냥 웃으세요. 이러나저러나 뭔가 꿀렁꿀렁 목구멍을 넘어왔다.

이 글은 울컥하고 올라온 무언가에서 시작됐다. 농담의 뒷면이자, 사적인 경험이다. 속에서 딱딱하게 굳은 돌덩이다. 느껴야 했는데 채 느끼지 못하고 두고 온 무언가를 이제야 알아보는 뒤늦은 깨달음이기도 하다.

농담에 익숙한 나는 유쾌하지 않은 이야기를 할 때면 도망치고 싶은 충동을 느낀다. 그래서 당신을 이 책과 남겨두고 도망친다. 어떻게 이야기가 가닿을지 모르는 채로.

2025년 가을

전성진

차례

프롤로그 — 7

기억 — 13

유체 이탈 — 25

몸 — 43

회복 — 65

위로 — 99

관계 — 121

재활 — 143

후유증 — 177

완치 — 197

✱

기억

나는 범상치 않은 장신이었다. 키 150센티미터 중후반을 맴도는 집안 여자들 사이에서 초등학교 4학년에 160센티미터를 찍었으니 말 다했다. 직전까지 집안의 장신 자리를 맡고 있던 165센티미터의 외할머니는 노화로 키가 줄자 슬슬 나에게 왕좌를 넘길 준비를 했다. 내가 당신을 닮아서 크다는 너스레는 일상이었다. 엄마도 질세라 한마디 거들었다.

"집안에 없는 키야. 발 좀 봐. 170까지도 크겠어."

그때 내 발 사이즈가 250밀리미터였으니 과언은 아니었다. 엄마는 농구 교실 등록과 무릎 마사지로 성장을 응원했다. 우쭐하면서도 쑥스럽고 자랑스러웠다. 교만하게 굴기도 했다. 나보다 작은 친구의 키를 손바닥으로 재며 '도토리'라고 놀린 걸 생각하면 확실히 그랬다.

초등학교에서는 새 학기 첫 수업 시간이 되면 반 전체가 복도로 나갔다. 키 순서로 번호를 정하기 위해서였다. 선생님의 도움 없이 서로 키를 대보며 제 자리를 찾았다. 저학년일 때만 해도 내 뒤에 네다섯 명이 있었는데, 4학년이 되자 딱 한 명이 남았다. 별명이 '대나무' 겸 '빼빼로'인 마른 남자아이였다.

쉬는 시간이 되어 반 애들과 둘러앉았다. 짝꿍 얘기도 하고, 담임 선생님 얘기도 하다가 키로 주제가 바뀌었다. 방학 동안 내 키가 많이 커서 신기하다는 말이었다. 나는 키를 위해 아무런 노력도 하지 않았지만, 괜히 농구 어쩌고 우유 어쩌고 하면서 젠체했다.

"아, 이제 키 좀 그만 크고 싶다."

맹랑하게 입을 놀리고 한 달도 되지 않아 나는 우리 교실에서 첫 번째로 초경을 했다. 참고로 지금 내 키는 162센티미터이고, 발 사이즈는 265밀리미터이다.

비슷한 일이 하나 더 있었다. 우리 집 여자들은 정수리에 수류탄을 하나씩 얹고 있다. 지독한 비유 같아서 빠르게 고백하자면 '여성형 탈모' 얘기다. 엄마의 수류탄, 아니 여성형 탈모는 자매 사이에서 가장 먼저 나타났다. 엄마는 항상 모자나 두건을 썼다. 많은 사람이 패션이라고 생각했지만, 실은 콤플렉스를 가리기 위한 도구였다.

반면에 나는 머리숱이 많았다. 정수리까지 빽빽했다. 미용실에 가면 미용사가 한숨부터 쉬는 손님이었다. 고무줄이 머리카락을 견디지 못하고 터진 적도 왕왕 있었다. 엄마는 크게 안도했다. 머리를 빗을 때면 엄마의 얼굴에 만족스러운 미소가 스쳤다. 나는 틈을 참지 않고 으스댔다.

"엄마, 나는 머리숱이 좀 줄었으면 좋겠어. 불편해."

이러한 오만에는 2차 성징이 약이었다. 탈모 현상 역시 빠른 초경만큼 순식간에 나타났다. 나는 엄마처럼 모자를 쓰는 사람이 됐다.

초등학교 저학년 시절에 이런 일도 있었다. 짝꿍이 팔을 걷어 보이며 말했다.

"이거 봐라? 나 여기 다섯 바늘 꿰맸다?"

친구가 가리키는 곳을 보니, 만화 속 상처처럼 긴 줄을 중심으로 한 땀 한 땀 실이 지나간 자국이 있었다. 손가락으로 바늘 자국을 꼽으며 세어보았다. 하나, 둘, 셋, 넷, 다섯. 정말 다섯 바늘이네.

"우리 엄마가 그랬는데, 다섯 바늘이면 엄청 심하게 다친 거래."

위풍당당한 짝꿍의 기세에 뭐라 할 말이 없어 손끝으로 말끔한 내 팔만 쓱쓱 만졌다. 한동안 상처에 대해 생각했다. 몸에 영원한 흔적이 남는 건 어떤 기분일까? 언젠가 나도 상처를 갖게 될까? 죽기 전까지 다 해서 몇 개의 상처가 생길까? 몸에 큰 상처가 있으면 우주에 갈 수 없다던데 정말일까? 질문의 끝에서 잠시 소망했다.

'그래도 큰 상처가 있으면 멋져 보일 텐데…….'

―――

20여 년이 지나고, 독일 병원의 화장실에서 이날을 떠올렸다. 신이 초등학생 시절 나의 세 가지 소원을 모두 들어주기로 마음먹기라도 한 걸까? 부자가 되고 싶다거나, 유명한 사람이 되고 싶다는 소원도 빌었건만 괴상한 소원만 잘도 골랐구먼. 코웃음 치며 세면대 거울에 비친 나를 봤다. 눈동자를 빤히 바라보고 싶었는데 자꾸 초점이 풀렸다. 감각이 다른 곳으로 쏠렸다.

기분 나쁜 베이지색 타일이 덕지덕지 붙어 있는 병실 화장실. 알코올 냄새와 누린내. 몸의 균형이 바뀔 때마다 미세하게 휘청거리는 느낌. 복도 밖에서는 '삐, 삐, 삐' 하는 호출음과 서둘러 어디론가 걸어가는 슬리퍼 소리가 들렸다. 입에서는 아무 맛도 나지 않았다. 아니, 치약 맛이 났다.

불현듯 팔꿈치에 초점이 맞았다. 핏덩이가 엉겨 붙은 채 이제 막 아물기 시작한 상처가 보였다. 나는 초등학교 시절처럼 손가락으로 상처 자국을 하나씩 세보았다. 하나, 둘, 셋, 넷, 다섯, 여섯, 일곱, 여덟, 아홉, 열, 열하나, 열둘, 열셋, 열넷, 열다섯, 열여섯, 열일곱, 열여덟, 열아홉, 스물, 스물하나, 스물둘, 스물셋……. 짝꿍의 어머니는 다섯 바늘이면 엄청 심하게 다친 거라고 했다. 쉰아홉 바늘이면 얼마나 다친 걸까.

―――

기억의 시작은 스릴러 영화의 오프닝 같았다. 그중에서도 머쓱할 정도로 지나치게 선명한 화질로 찍은 저예산 영화. 등장인물 모두가 멀끔하지만 어디서 본 적 없는 얼굴인 것도 그랬다. 영화라고는 했지만 웹드라마 같기도 하고 유튜브 쇼

츠나 인스타그램 릴스…… 아니, 정체 모를 모바일 게임의 광고 같기도 했다.

눈이 시릴 정도로 따가운 햇살 아래를 잔뜩 찡그린 채 걸었다. 주차장과 창고 사이의 공터는 하염없이 황량해서, 자박자박 모래 밟는 소리가 허공으로 사라졌다. 멀리 보이는 커다란 철제 건물을 향해 골목의 틈을 비집고 들어갔다. 건장하고 탄탄한 몸매의 젊은 백인 남녀가 보였다. 아무도 나를 신경 쓰지 않았지만, 괜히 기죽기 싫어 허리를 펴고 힘차게 걸었다. 자세를 바꾸니 괜스레 마음이 벅찼다.

엄마와 엄마 교회 친구 백 집사님을 프라하행 버스에 태워 보내고 오는 길이었다. 엄마는 베를린에 정착한 지 7년이 된 딸을 만나기 위해 두 달의 시간을 냈다. 장애인활동지원사인 엄마는 여행을 위해 일을 그만둬야 했다. 대체 인력이 없는 직업의 특성상 허울뿐인 연차휴가를 쓸 방법은 퇴직밖에 없었다. 두 달은 그만큼 묵직한 시간이었다. 엄마는 나흘 전 베를린에 도착했고 이제 동유럽 여행을 위해 프라하로 떠났다. 나는 나흘 만에 자유가 됐다.

목적지는 볼더링 스튜디오였다. 넓은 야외 암벽이 있고, 분위기가 여유로워 가장 좋아하는 스튜디오였다. 암벽 앞에 놓인 선베드는 병맥주를 홀짝이기 좋았고, 원하면 강아지도 데려올 수 있었다. 다른 볼더링 스튜디오에 비해 허름한 편이었지만 야외 암벽을 처음 접한 나에겐 환상적인 공간이었다. 전날이 내 생일이어서, 볼더링도 하고 하루 늦은 생일파티도 할 겸 이곳에 모이기로 했다. 멤버는 친구 둘과 애인 그리고 나의 강아지 '순순이'였다.

연습을 하고 싶어 한 시간 일찍 스튜디오에 도착했다. 볼더링에 빠진 지 두 달이 넘었지만 영 성과가 나지 않았다. 레벨 3도 제대로 해내지 못한 상태였다. 볼더링을 같이 시작한 송 씨는 한 달 만에 레벨 4를 성공했다. 키가 큰 한 씨는 이틀 만에 레벨 3를 해치웠다. 그들 사이에서 나는 '볼더링은 스스로와의 경쟁이라 좋아. 내 속도대로 하면 되지'라고 혼잣말을 하는 사람이었다. 다른 말로 하면 오기만 부리는 사람이었다. 옛날에는 운동신경이 좋았는데 살이 찌고는 생각만큼 몸이 따라오지 않아 더 그랬다.

슬슬 욕심이 나기 시작했다. 실패해서 떨어지는 동영상을 계속 돌려 보며 포기한 자신을 타박했다. 한 홀드만 더 가면 되고, 조금만 더 버티면 되는데 시선을 신경 쓰느라, 혹은 무서워서 중간에 포기해버렸다. 몸보다도 정신력이 문제라는 생각이 들었다. 실제로 무서워도 한 단계만 더 해보자는 마음으로 매달렸을 때 성공하는 경우가 많았다.

하이에나처럼 주위를 어슬렁거리다 실내 스튜디오 정중앙에 있는 레벨 3를 발견했다. 적당히 어렵고, 꽤 폼났다. 홀드를 몇 개 쥐어봤는데 잡히기도 잘 잡혔다. 실은 전에 한 번 레벨 3를 푼 적이 있긴 했지만, 너무 쉬웠다. 어려운 레벨 2보다도 쉬웠다. 그건 레벨 3로 인정할 수 없었다. 그래, 이 정도는 돼야 레벨 3지. 다른 문제에 비해 유독 톱 홀드가 높아 보였지만 오히려 좋았다. 더 그럴듯한 영상이 나올 테니까. 잘 나오면 인스타그램에 올려야지. 자꾸 넘어지는 스마트폰을 지상에 공들여 세워놓고 촬영을 시작했다.

카메라를 의식하며 첫 번째 홀드를 잡았다. 예감이 좋았다. 원래 같으면 버거웠을 구간도 가뿐히 넘겼다. 허벅지가 몸을 단단하게 잡아주는 느낌이 들었다. 두 개의 홀드만이 남았을 때 힘이 좀 빠졌다. 많이는 아니었다. 홀드를 잡고 무게 중심을 옮겼다. 손이 간질간질한 게 힘이 풀리는 듯했다. 갈림길이었다. 나아갈까? 그만둘까? 잠깐 수많은 생각이 지나갔다. 아무리 생각해도 오늘처럼 특별한 날, 기분 좋은 날, 상징적인 날 실패할 리 없었다.

확신은 무모함의 동력이 되었다. 왼손을 뻗어 톱 지점을 잡았다. 톱 지점은 볼더링 코스에서 마지막으로 잡아야 하는 홀드로, 일정 시간 두 손으로 잡은 채 유지하면 문제를 풀었다고 인정된다. 왼손을 뻗고 나니 중심이 살짝 뒤틀리는 게 느껴져 서둘러 오른손도 마저 잡았다. 드디어 제대로 된 레벨 3를 풀었다는 생각에 웃음이 나오려던 찰라 왼손이 '탁' 하고 떨어졌다. 오른손도 따라서 속절없이 '툭' 하고 홀드를 놓쳤다.

추락할 때는 시간이 고무줄처럼 늘어났다. 시간의 틈에서 나는 왜인지 호랑이굴에서도 정신만 차리면 된다는 옛말을 떠올렸다. 머리를 다치지 않게 허리를 수그리면서 떨어져야겠다고 생각할 때쯤 '텅' 하면서 왼쪽 팔꿈치에서 뭔가 터지는 소리가 났다. 왼발에서는 부러지는 듯한 느낌과 함께 찢어지는 소리가 났다. 난생처음인 통증이 숨통을 조였다. 도와달라고 해야 하나 생각이 들기 전에 몸이 먼저 소리를 질렀다. 발목에서는 통증만큼이나 이상한 감각이 들었다. 발이 있어야 할 곳에 있지 않다는 감각이었다. 내려다보니 발과 발목이 Z자로 비틀어져 있었다

유체 이탈

나는 유체 이탈을 한다. 어린 시절부터 무언가로 괴로운 순간이면 몸에서 빠져나와 나를 내려다보며 웃곤 했다. 슬랩스틱코미디를 보는 것처럼, 저속한 일본 예능 쇼의 몰래카메라를 보는 것처럼 낄낄거렸다. 다음 날이면 스스로가 얼마나 우스웠는지 주변에 떠벌리곤 했다. 폭소를 터뜨리는 상대를 보면 틀림없이 웃어넘겼다는 생각에 마음이 놓였다.

청소년기에 이르러서 유체 이탈은 더 잦아졌다. 급식을 먹거나 구령대 앞에서 수다를 떨 때도 불쑥 몸에서 탈출했다. 그리고 육체와 정신의 괴리를 시험해봤다. 친구의 농담에 깔깔 웃는 육체를 따로 두고, 정신은 좋아하는 밴드의 노래를 부르는 식이었다. 그렇게 웃고 있는 육체를 내려다볼 때면 밑도 끝도 없는 허무를 느끼곤 했다.

그러다 보니 일상에 자연스럽게 몰입하기가 어색해졌다. 길을 걷다 내려다본 두 다리가 낯설고, 시험을 치르다 본 글자의 모양이 생소했다. 몸을 움직이면서도 종종 지금 내가 움직이는 게 맞나? 하는 엉뚱한 생각을 했다. 딱히 생활에 지장은 없었다. 다만 설명할 수 없는 불안한 감각이 삶 아래를 은은하게 채울 뿐이었다.

대학에 입학해 '심리학의 이해'라는 교양과목을 수강하며 유체 이탈의 정체에 대해 그나마 들을 수 있었다. 사람은 스트레스 받는 상황을 해소하기 위해 저마다의 방어기제를 쓴다는 내용이었다. 방어기제는 동일시, 회피, 투사 등 종류도 많았는데 '해리解離, Dissociation'도 그중 하나였다. 해리는 스트레스 상황에서 사고나 감정, 의식, 기억 등으로부터 자신을 분리하는 방어기제다. 충격적인 소식을 들었을 때 아무런 감정을 느끼지 못하거나, 면접이나 시험 같은 중요한 순간에 현실을 꿈이나 영화처럼 받아들이는 일이 대표적인 예다. 누구나 유체 이탈을 하는 건 아니구나. 가슴이 덜컹했다.

내가 아주 어릴 때부터 엄마는 당신이 고등학교 시절 전교 1등을 차지한 일을 자주 이야기했다. 엉덩이에 진물이 나도록 공부할 수 있었던 건 정신력 덕이라고 했다. 중고등학교 때는 자서전 바람이 불었다. 간디, 체 게바라, 반기문……. 2002년 월드컵 직후에는 홍명보 자서전까지 필독 도서였다. 선생님은 위인의 정신을 따르라고 했다. 태권도 학원에선 '정신 통일'을 구호로 주먹을 질렀다. 정신을 통일하면 잡생각이 사라지고 집중력이 향상되어 하고자 하는 바를 이룰 수 있다고 했다.

　몸에 대해서는 거의 말하지 않았다. 세계적인 발레리나나 축구 선수의 발, 레슬링 금메달리스트의 귀가 다큐멘터리나 방송 같은 데에 나오기는 했다. 모두 목표를 위해 기능으로 쓰인 몸이었다. 집에서나 학교에서나 몸을 기능적으로 쓰는 방법을 알려줄 뿐, 막상 몸이 무엇이고 어떤 의미인지에 대해서는 말해주지 않았다. 자연스럽게 점점 육체와 서먹해졌다. 만지고, 듣고, 보는 행위가 어색하게 느껴질 때도 있었다. 반대로 정신과는 친해졌다. 또렷한 의식이야말로 진정한 '나'였다.

나는 죽음을 몹시 두려워했다. 정확히 말하면 의식의 죽음이 두려웠다. 의식이 죽음과 함께 끝나버린다면, 사후 세계 같은 것도 없다면, 그렇게 영원히 소멸한다면……. 죽음을 납득할 수 없었다. 그러던 중 '전뇌화電腦化'에 관한 기사를 접했다. 근미래에나 상용화가 가능한 기술로 인간의 의식을 컴퓨터 파일처럼 물리적 메모리에 옮길 수도 있다는 내용이었다. 구원받은 듯 기뻤다. 죽기 전에 이 기술이 상용화된다면 의식을 지킬 수 있을 테니까. 몸이야 두고 가든 데리고 가든 상관없었다.

이십대 초반에 처음 겪은 수면마취는 희대의 위기였다. 대장내시경을 하는 당일까지 수면마취를 할지, 마취 없이 내시경을 할지 고민했다. 나중에 후회하지 말고 수면마취를 하라는 인터넷 후기를 보고 결국 수면마취를 결정했다. 마취제가 들어가기 직전, 의식이 없어진다는 공포가 엄습했다. 내시경을 당장에 멈추고 싶었지만 이미 늦었다. 나는 극도로 불안에 휩싸인 채 죽음과 다름없는 무의식의 세계로 떠밀렸다.

몸이 딱딱하게 굳을 정도로 긴장했으니 마취 중 세 번이나 깬 게 놀랍지는 않았다. 자꾸 정신이 돌아와 입에 호스를 넣은 채로 "저 마취 안 됐어요"라고 웅얼거려 마취제를 여러 번 넣어야 했다. 마취제와 정신력의 싸움 속에서 나는 깨지도, 잠들지도 못하고 왔다 갔다 했다. 회복실로 옮겨지는 중에 눈이 번쩍 뜨였다. 입에서 헛소리가 질질 새어 나오기 시작했다. 내시경 검사를 하는 내내 마취가 하나도 되지 않았으니 수면 마취 비용은 내기 힘들겠다는 얘기였다. 간호사는 나른하고 무관심한 말투로 나를 내려다보며 말했다.

"환자님, 방금까지 주무시고 계셨어요. 아직 의식이 다 돌아오지 않았거든요? 가만히 누워 계세요."

———

베를린 종합병원 소생실에서 나를 바라보는 독일 의사의 얼굴과 내시경 후 마주했던 한국 간호사의 얼굴이 겹쳤다.

"당신은 지금 진통제에 취했어요. 그리고 너무 심하게 울고 있어서 뭐라고 하는지 하나도 이해할 수가 없어요. 치료가 끝나면 설명할 테니까 그때까지 좀 기다려줘요."

실제 나는 말한다기보다 웅얼거리고 있었다. 눈물로 흥건한 시야 틈으로 의사가 내 팔꿈치를 맞추고 있는 게 보였다. 바깥쪽과 안쪽 인대가 같이 터져 팔이 고무처럼 흐물거렸다.

팔꿈치의 움직임을 따라 고통의 높낮이도 널을 뛰었다. 겪어본 적 없는 고통이었다. 방금 탈구된 고관절을 맞췄는데 정확히 그보다 스무 배 더 아팠다. 아니, 서른 배 더 아팠다. 전쟁 중에 다친 군인이 통증 때문에 쇼크사하는 일이 많다는 얘기가 생각났다. 짧은 찰나에 그들의 명복을 빌었다.

고통이 한계에 다다르자 호흡이 가빠졌다. 의사는 진통제를 더 놓으라고 간호사에게 소리쳤다. 나 또한 더 강한 진통제를 몸에 넣어달라고 빌었다. 간호사는 병원에 있는 진통제 중 가장 센 진통제를 놓을 거니 소리 좀 그만 지르라며 짜증을 냈다. 나는 그저 진통제에 감사한 마음뿐이었다.

철커덩철커덩 기계음이 났다. 형광 녹색 정사각형이 줄을 이어 암흑을 뚫고 지나갔다. 정사각형은 이내 마름모꼴이 됐다. 수많은 마름모는 기차의 창문으로 변했고, 나는 그 창문들이 있는 기차가 됐다. 기차에 탄 사람이 아니라 정말 기차 자체가 됐다. 햇살 좋은 날에 유럽의 어느 산골을 달리는 기차였다. 신이 나서 "아아아!" 하고 외쳤다. 점점 시야가 돌아왔다. "아아아!" 소리는 내가 지르는 비명이었다.

강한 약 기운에 자다 깨기를 반복하다 눈을 떴다. 이동식 침대에 누워 한참 치료실과 소생실로 끌려다니다 잠시 대기실 옆에 멈춰 있었다. 대기실에서 내내 기다리던 애인은 틈을 노리고 헐레벌떡 나에게 달려왔다. 대화를 하려는데 목이 쉬어 쉽지 않았다. 애인은 병원 전체에 내 비명이 울려 퍼졌다고 말했다. 기억이 가물가물했다. 애인의 눈은 새빨갛게 충혈되어 있었다. 미안하다고 말하고 싶었는데 간호사가 나타나 다시 침대를 소생실로 끌고 들어갔다. 기다리고 있겠다는 애인의 목소리가 귓가에 남았다.

———

응급처치가 끝난 덩어리는 커다란 이동식 침대에 실렸다. 침대는 소생실 앞에 덩그러니 놓였다. 소생실에서 봤던 여섯 명의 의사, 간호사는 말 없이 할 일을 하더니 덩어리를 두고 뿔뿔이 흩어졌다. 서둘러 나가는 간호사 한 명을 겨우 붙잡아 부상이 얼마나 심각한지 물었다. 간호사는 '물어본다고 내가 말하겠냐?' 하는 표정으로 덩어리를 내려다보며 어깨를 으쓱했다.

"나중에 의사가 알려줄 거예요."

서둘러 짐을 챙긴 간호사는 "필 글뤽Viel Glück(행운을 빈다)"

이라는 인사를 남기고 자리를 떴다. 떠나는 간호사를 고개 돌려 쳐다보고 싶어도 통증 때문에 옴짝달싹할 수 없었다. 별수 없이 침대에 누워 눈만 껌뻑거렸다. 고정된 채 천장만 찍고 있는 카메라가 된 듯했다. 덩어리의 시야에는 허여멀건 천장과 차갑게 환한 백열등만 남았다.

"안녕?"

흰색 폴로티를 입은 남자의 얼굴이 불쑥 시야에 들어왔다. 그는 잠시 동정 어린 눈빛으로 부서진 덩어리를 내려다봤다. 그러고 익숙한 몸짓으로 휴대용 스캐너를 꺼내 덩어리에 붙어 있는 바코드를 찍었다.

"방사선실에 갈 거야."

목적지인 '방사선실'이 뜬 화면을 보여준 남자는 곧 침대를 밀며 출발했다. 진이 빠진 덩어리는 대답 없이 고개를 끄덕였다. 스스로가 쇼핑카트에 담긴 생닭 같았다. 침대가 움직이자 천장의 백열등이 모스부호처럼 눈앞에서 흘렀다. 중간중간 부호가 끊기는 곳에 문이 있었다. 문을 지나면 조용한 공간이 나오기도 하고 시끌벅적한 공간이 나오기도 했다.

천장이 세 번 정도 바뀌고 나자 남자는 침대를 벽에 주차하듯 붙여 세웠다. 남자는 작별 인사를 하고 사라졌다. 덩어리는 다시 혼자 남았다. 사람들이 덩어리의 옆을 지나갔다. 식사를 마치고 돌아온 의사 무리도 있었고, 병문안 왔다가 길을 잘못 든 사람도 있었다. 아까 본 흰색 폴로티를 입은 사람도 여럿 지나갔다. 중간중간 곁눈질로 덩어리를 쳐다보는 사람도 있었다. 그러거나 말거나 덩어리는 침대에 놓여 있었다.

대기가 대기 아닌 방치로 느껴질 정도의 시간이 흘렀다. 통증을 견디지 못한 덩어리가 도와달라고 소리를 지르고 나서야 간호사가 달려 나왔다. 간호사는 당장 통증을 잡을 방법이 없으니 정해진 대로 엑스레이를 찍어야 한다고 했다. 급하게 간호사 두 명이 엑스레이 촬영용 침대로 덩어리를 옮겼다. 움직일 때마다 통증이 차곡차곡 쌓였다. 더 이상 쌓을 곳이 남아 있지 않을 때쯤 눈물로 줄줄 새어 흘렀다. 몇 번 철컥철컥하는 소리가 들리더니 촬영이 끝났다.

흰색 폴로티를 입은 여자가 어디선가 나타나 바코드를 찍었다. 다시 백열등 모스부호를 지나 목적 모를 대기실에 도착해 멈췄다. 이동용 침대 네 대가 줄지어 놓인 대기실이었다. 각 침대에는 각기 다른 모양의 덩어리가 있었다. 온몸을 깁스한 덩어리도 있고, 목을 고정한 덩어리도 있었다. 옆 침대에는 아무런 움직임 없이 눈을 감고 있는 오래된 덩어리가 있었다.

생기가 없는 모습이 꼭 송장처럼 보였다. 나는 어떻게 보일까, 생각하던 덩어리는 언제 퍼졌는지 모를 약 기운에 까무룩 잠들었다.

―――

얽히고설킨 모녀 관계를 그린 영화 〈같은 속옷을 입는 두 여자〉(김세인 각본, 연출)를 보다 깜짝 놀란 적이 있다. 주인공 '이정'이 어릴 때 엄마에게 쓴 편지 때문이었다.

> 사실 엄마께 부탁하고 싶은 게 있어요. 엄마는 제 이야기를 들어주지 않으니 이렇게 편지를 썼어요. 저를 때릴 때 회초리로 때려줄 수 있나요? 제가 잘못한 만큼 정해진 수대로 맞았으면 해요. 때에 따라, 곁에 무엇이 있냐에 따라 매도 양도 달라지니 견디기가 힘들어요. 엄마가 규칙에 따라 저를 벌해준다면 제가 무엇을 잘못했는지 더 정확하게 알 수 있을 것 같아요.
> 1월 1일 이정 올림.

초등학교 저학년 때 쓴 같은 내용의 편지가 뇌리에 스쳤다. 너무 비슷한 나머지 내가 쓴 편지가 25년을 돌고 돌아 우연히 감독의 손에 들어간 건 아닐까, 하는 황당한 의심이 들 정도였다. 부모에게 매의 재질, 횟수, 기준을 정해달라고 편지로 요청하는 일이 꽤 흔할 수도 있겠다는 (비)이성적인 생각도 들었다.

학교도 다니기 전인 어릴 때부터 중학생 시절까지, 유체 이탈을 해서 주로 내려다본 건 엄마에게 매 맞는 내 모습이었다. 당시 엄마는 감정 기복이 심하고 일관성이 없는 사람이었다. 하교 후 현관문을 열었을 때 엄마의 목소리가 탁하면 나는 유체 이탈을 준비했다. 본격적으로 분위기가 험악해지면 맷집이 좋은 몸에게 사태의 모든 걸 맡긴 후 그것을 유유히 빠져나왔다. 몸은 든든한 방패였다. 나는 방패 뒤에 숨어 재미있는 텔레비전 프로그램을 생각하기도 하고, 맞는 나와 때리는 엄마의 모습에서 웃긴 점을 찾는 놀이를 하기도 했다.

내가 찾은 '웃긴 이야기'를 몇 개 말해주겠다.

첫 번째 이야기. 엄마는 자꾸 같이 죽자고 하면서 식칼을 예쁜 쟁반에 담아 가져온다. 어차피 죽을 생각이면 다 필요 없는 일인데 엄마는 항상 쟁반에 식칼을 정갈하게 담아 내 앞에 내오곤 했다. 나와 같은 세대라면 한 번은 들어봤을 '같이 죽자' 레퍼토리지만 엄마는 유독 엣지가 있었다.

두 번째 이야기. 내가 텔레비전을 오래 보면 엄마는 서서히 화가 난다. 엄마에게 텔레비전의 다른 이름은 '바보 상자'다. 한번 나기 시작된 화는 반드시 폭발했는데 그러면 엄마는 텔레비전을 바닥에 내동댕이치고 코드 선을 가위로 잘랐다. 며칠이 지나 화가 풀리면 엄마는 절연 테이프로 끊어진 전선을 꼼꼼하게 수리했다(엄마는 손재주가 좋다). 당신이 텔레비전을 보기 위해서였다. 엄마는 2주에 한 번은 코드 선을 자르고야 말았는데 마지막에 가서는 선이 더 이상 선이라고 부르기 힘들 정도로 짧아져 멀티탭을 화면 옆에 두고 써야 했다.

세 번째 이야기. 엄마는 거짓말만은 절대 용서할 수 없다고 했다. 엄마가 나한테 "양치질했냐?"고 물었다. 나는 당연히 했기 때문에(심지어 양치질을 안 하면 못 잔다) 했다고 답했다. 엄마는 혀를 내밀어보라고 했다. 나는 혀를 내밀었다. 엄마는 냅다 뺨을 때렸다. 백태 때문이었을까? 나는 어이가 없어서 웃어버렸다. 엄마는 거짓말이 세상에서 제일 나쁘다고 했다.

네 번째 이야기. 중학교 때 일이다. 소문난 덜렁이였던 나는 학교에서 우산을 잃어버렸다. 집에 도착하자 엄마는 귀신같이 우산의 행방을 물었다. 무서워서 학교에 두고 왔다고 하니 엄마는 지금 학교에 가서 가져오라고 했다. 나는 거짓말을 인정하기 무서워 대책도 없이 비 오는 거리로 나섰다. 아무리 고민해도 같은 우산을 구할 방법은 없었다. 결국 빈손으로 집에 돌아갔다. 두꺼운 나무 빗자루를 든 엄마는 거짓말의 무게만큼 맞으라고 했다. 117대가 그 무게였다(왜 하필 117대냐 하면 100대를 맞기로 했는데 17대를 맞고 쓰러져서 엄마가 다시 100대를 셌다). 며칠 동안 교실 의자에 제대로 앉을 수가 없어 모서리에 허벅지를 걸치고 앉았다. 똑바로 앉으라는 선생님에게 엉덩이의 멍 자국을 보여드리니 아무 말도 안 하셨다. 117대 사건 이후 나는 나 자신도 속일 정도로 능숙하게 거짓말을 하는 사람이 되었다.

―――

 밤이 되어서야 병실을 배정받았다. 2인실이었는데 운 좋게 옆자리가 비어 있었다. 애인은 늦게까지 자리를 지키다가 집으로 돌아갔다. 독서등 하나만 켜둔 병실은 조용했다. 친절한 간호사가 내준 차가 침대 옆 간이책상에서 김을 일렁일렁 뿜고 있었다. 차를 한 모금 마시려고 몸을 뻗는데 윙하고 모깃

소리가 들렸다.

가정집은 물론 웬만한 상점에서도 에어컨을 찾기 어려운 베를린인데, 종합병원 병실에 있을 리 만무했다. 5월 말의 베를린은 후덥지근했다. 침대 커버는 땀으로 축축이 젖은 지 오래였다. 열기를 빼기 위해 방충망도 없는 병실의 창문을 하루 종일 열어뒀다. 모기에게는 만찬의 초대장이나 다름없었다.

맹랑하게 주변을 맴돌던 모기는 오른쪽 어깨에 자리 잡았다. 습관처럼 왼팔을 드니 팔꿈치가 찌릿했다. 맞다. 나는 모기도 잡지 못하는 덩어리에 지나지 않지. 할 수 있는 일이라곤 피를 쪽쪽 빨아 먹는 모기를 노려보는 것뿐이지. 모기는 마치 덩어리의 시선을 즐기는 듯 태연하고 뻔뻔하게 피를 빨아 먹었다. 얼마나 배를 채웠는지 모기가 굼뜨게 날아올랐다. 휘청휘청 느릿느릿 내게서 멀어지는 모기와 함께 차를 마시고 싶은 마음도 날아가버렸다.

병실은 고요했다. 이명인지 기계음인지 모를 소리가 귓가에 웅웅거렸다. 문득 왼손을 내려다봤다. 비틀어진 발목을 본 후로는 한 번도 다친 부위를 쳐다본 적 없었다. 신기한 일이었다. 나는 주사를 맞을 때조차 주삿바늘을 두 눈으로 봐야만 안심하는 사람이었는데 막상 몸이 부서지고 나니 쳐다볼 엄두가 나지가 않는 것이었다.

깁스 밖으로 튀어나온 손가락과 손바닥을 바라봤다. 석고 깁스를 얼마나 빈틈없이 감았는지 피가 통하지 않아서 주먹을 쥐었다 펴는데 감각이 내 손 같지 않았다. 발도 마찬가지. 구부러지지 않을 정도로 퉁퉁 부은 엄지발가락만 보였다. 남의 것처럼 생경했다. 통증만이 이 팔다리가 내 몸이라는 증거가 되어주었다.

미뤄둔 후회와 수치심, 죄책감이 매서운 목소리가 되어 나를 덮쳤다. 이리저리 멋대로 굴려서 쓰더니 결국에는 몸의 반을 부쉈구나. 고마워하지는 못할망정 염치도 없지. 이제 만족하니? 다시는 사고 전으로 돌아갈 수 없는 몸으로 만들었잖아. 부끄러운 일이야. 탓할 곳도 없고, 숨을 수도 없으니. 이제 와 머리 굴려봐야 아무 소용없어.

문득 무서운 생각이 들었다. 결국 모든 소동이 몸의 분노에서 시작된 게 아닐까? 무시하고, 남겨두고, 외면했던 몸이 날리는 통쾌한 복수. 무슨 수를 써도 몸을 떼고 도망칠 수 없다는 무시무시한 경고. 항상 나를 따르기만 했던 몸이 더는 나를 참지 못했구나. 이제 더는 봐줄 수 없다고 생각했구나. 무릎을 탁 칠 만한 발견에 몸이 떨렸다.

몸을 외면한 역사가 줄줄이 떠올랐다. 스트레스를 풀기 위해 폭식을 반복한 일, 쉬고 싶다는 사인을 엄살이라고 생각한 일, 사소한 신체 증상을 무시해 병을 키운 일, 힘들어도 몸으로 때우면 된다고 생각한 일, 번아웃이 왔다는 걸 인정하지 않고 오히려 업무를 늘린 일…….

역시, 몸의 분노였구나. 이제 어쩌지? 몸이 막아주지 않는다면 험한 세상을 어떻게 버티면서 살지? 무엇보다 이대로 몸을 잃는다면 스스로를 용서할 수 있을까? 끝도 없는 질문에 잠이 오지 않았다. 새벽이 되자 통증은 거세졌다. 통증은 공포로 변해 날 잡아먹었다.

*

몸

입을 쩍 벌리고 크게 하품해버렸다.

"죄송합니다."

뒤늦게 입을 막고 화상통화 화면 속 상담 선생님에게 사과했다.

"괜찮아요. 불편한 주제라 그래."

개는 스트레스를 받으면 긴장을 풀기 위해 하품을 한다는 얘기가 떠올랐다.

"제가 생각하는 몸의 의미 말이죠? 흠……."

또 하품이 나와서 입을 꾹 다물고 한숨인 척 속 하품을 했다.

"어지간히 말하기 싫은가 봐."

"아뇨. 그것보다 몸의 의미가 뭔지 모르겠어서요."

"그럼 다시 해보자. 몸 하면 뭐가 떠올라요?"

화상통화 화면 한쪽에 작게 자리 잡은 내 얼굴은 어리둥절함을 감추지 못했다. 입을 잠시 벙긋거리다가 다시 다물었다. 침묵이 흘렀다. 선생님은 얼마든지 대답을 기다릴 수 있다는 듯 꿈쩍도 하지 않았다. 마지못해 입을 열었다.

"평발, 무지외반증, 비염, 중이염이 있고 편도선이 약하다. 운동신경이 있다. 치열이 고르다. 달리기를 못 한다."

중얼중얼 말을 이어가다가 슬쩍 눈치를 봤다. 선생님은 고개를 끄덕거리다가 말했다.

"모두 기능에 관한 얘기네요?"

당연한 소리에 물음표가 떴다.

"기능 말고 무슨 얘기를 해요?"

"할 얘기 많지. 추억이 있을 수도 있고, 좋아하는 부분을 말할 수도 있고……."

"아, 맞네요."

"왜 다 기능에 관한 걸까?"

또다시 선생님은 단호한 표정으로 카메라를 빤히 바라봤다. 스스로 생각해보라는 무언의 신호였다. 한참 입술만 만지작거리다가 입을 뗐다.

"도구로 써서?"

"그렇지. 성진 씨한테 정신은 주인이고 몸은 도구니까."

"근데 몸이 도구가 아니면 뭐예요."

"도구가 아닐 수도 있죠."

"그럼 어떻게 해요. 둘이 동등하게 살아요? 몸이랑 정신이랑? 어떻게 동등하게 살아요?"

"근데 왜 동등하게 못 살아요?"

갑갑한 마음에 벅벅 마른세수를 하니 건조함에 얼굴이 따가웠다. 답을 알고 있지만 별로 말하고 싶지 않아서 괜히 몸을 이리저리 비틀었다.

"그러게요."

화면 속 선생님은 온화한 미소를 지었다.

"거기서 시작해봅시다."

———

입원 둘째 날부터 병원의 변덕은 보통이 아니었다. 공식적인 수술 일정을 알려주겠다며 "오늘 아니면 내일 수술할 예정이다"라고 했다. 전문적이지도 믿음직스럽지도 않았다. 언제일지 모를 수술을 위해 우선 금식부터 하라는 말에 아침부터 쫄쫄 굶었다. 식사 시간이 되면 솔솔 흘러드는 음식 냄새에 의미 없는 군침만 돌았다.

저녁까지 감감무소식이었다. 해가 지는구나 싶을 때쯤 간호사가 와서 오늘은 수술하지 않을 듯하니 챙겨둔 식사를 주겠다고 했다. 먹지 못한 아침과 점심이 떠올라 분통이 터지려고 할 때쯤 식판을 든 간호사가 다급하게 달려왔다. 식판 대신 당장 수술에 들어가야 하니 준비하라는 말을 전했다. 두려움을 느낄 틈이 없도록 혼을 빼는 게 병원의 작전이라면 성공이었다. 얼이 빠졌다 정신을 차리니 지하 수술실에 도착해 있었다.

수술 과정은 생각보다 간단하다. 첫 번째 단계는 이동식 침대에서 수술용 침대로 넘어가기다. 먼저 환자가 누운 이동식 침대를 고무 컨베이어벨트 같은 기계 옆에 댄다. 환자복을 벗고 다른 침대로 옮겨갈 준비가 끝나면 간호사의 신호와 함께 컨베이어벨트가 움직인다. 살짝 땅이 꺼지는 느낌이 들면 어느새 수술용 침대 도착이다. 도마 위 생선처럼 나체로 덩그러니 놓인 꼴이 민망하다는 생각이 들 때쯤 간호사가 두툼한 면포를 덮어준다.

다음에는 어둡고 모니터가 많은 방으로 간다. 두 번째 단계인 전신마취를 위한 마취실이다. 마취실은 한기가 면포 속으로 스며들 정도로 쌀쌀하다. 수술을 위해서 실내 온도를 낮게 유지해야 한다고 했다. 차가운 마취실과는 다르게 마취의는 언제나 따뜻하게 환자를 맞는다. 아무리 친절한 의사를 많이 만났다고 해도 마취의와 비교할 수 없다. 그들은 목소리마저 기분 좋게 낀 안개 같다. 알맞게 촉촉하고 적당히 묵직하다.

전신마취 전까지 환자와 마취의는 원하든 원하지 않든 짧은 틴더 데이트를 한다. "반가워요.", "베를린에서는 무슨 일을 해요?", "취미 있어요?", "당신을 가장 행복하게 하는 일은 뭔가요?", "당신의 강아지와 산책하는 상상을 해볼래요?", "자고 일어나면 모든 일이 끝나 있을 거예요". 소름 돋게 느끼한 대화지만 적어도 마취실에서는 다정하기 그지없다. 질문에 하나하나 답하다 보면 굳은 몸이 천천히 풀린다. 심신이 안정되면 진정제가 들어가고 마취의가 숫자를 센다. 아인스Eins, 츠바이Zwei, 드라이Drei(하나, 둘, 셋)······.

"프라우 욘Frau Jeon(성인 여성을 지칭하는 말 '프라우'와 내 성인

'전'을 독일식으로 멋대로 바꿔 발음한 말), 깼군요."

세 번째는 회복실에 가 마취에서 깨어나는 단계다. 수술이 끝난 것이다. 멍한 상태로 눈을 뜨면 간호사가 웃으면서 손을 흔든다. 베를린의 종합병원 간호사는 대체로 친절하다. 적어도 내 경험에서는 그렇다. 장난기가 많고 웃기기도 하다. 국적도 다양해서 외국인의 입장에서 오히려 편안하게 느껴지기도 한다.

환자가 마취에서 충분히 깼다고 판단되면 다시 병실로 돌려보낸다. 병실에 돌아오면 병동 담당 간호사가 수고했다며 뜨끈하게 끓인 크로이터테Kräutertee(허브차)를 내준다. 수술 후 냉찜질을 위한 얼음팩도 충분히 준비해준다. 그렇게 첫 번째 수술이 끝났다.

상담 목표를 '울기'로 잡아보자는 말에 귀를 파다가 실수로 깊은 곳을 건드린 듯 찌릿했다. 너무 많이 울어서 상담이 힘들었다는 말은 들어봤어도 눈물이 안 나서 문제라는 얘기는 처음이었다. 잠깐이지만 선생님의 권위를 의심했다.

내가 피도 눈물도 없는 사람이란 말이 아니다. 슬픈 영화를 보면 금방 눈물이 났고 안타까운 사람의 얘기만 들어도 눈시울이 촉촉해졌다. 전에 키우던 강아지 얘기를 하면 여지없이 대성통곡했다. 다만 나에 대해 생각하기 시작하면 눈가가 버석해졌다. 펑펑 흘리던 눈물이 흔적도 없이 쏙 들어가고 아무렇지 않은 표정이 되어 쉬지 않고 말할 뿐이다. 좋든 싫든 내 얘기를 해야 하는 상담 시간에는 더더욱 눈물이 날 일이 없었다.

무거운 주제를 꺼낼 때 드물게 '울렁' 하고 몸이 반응하긴 했다. 명치 아래쪽에서 누가 불을 켜려고 성냥갑을 긁어 이제 막 불꽃을 뿜는 느낌이 드는 순간이다. 눈시울 깊은 곳에서 습기가 뿜어나오려 하는, 무슨 일이 벌어질 듯 아닐 듯한 순간 말이다. 별안간 얼음물이 쏟아졌다. 유난 떨지 말라는 정신의 불호령이었다. 그럼 언제나처럼 눈물이 쏙 들어가고 태연한 표정만 남았다.

어릴 적 이야기를 할 때 특히 그랬다. 충격적이거나 상처받은 일을 얘기할 때 나는 마치 이야기꾼이라도 된 듯 상황을 자세히 그리면서 얘기했다. 감정이 조금이라도 일렁이면 조잘조잘 입을 놀렸다.

엄마의 폭력이 멈춘 날이자 당신 삶의 커다란 전환점이 된 날도 그랬다. 당시 중학교 2학년이었던 나는 다급한 벨소리에 현관으로 향했다.

"누가 벨을 누르길래 봤더니 아는 아주머니였어요. 엄마와 같이 일하는 아저씨의 아내요. 반가워서 문을 열었는데 저를 밀치고 집으로 신발도 안 벗고 들어오시더라고요? 엄마한테 내연녀라고 욕을 하면서요. 엄마는 가만히 듣고 있었어요. 아무 반응 없이요. 주방 식탁에 앉은 아주머니가 엄마에게 소리를 지르고, 울고, 욕하고······. 그럴 만도 하죠. 자기 남편과 바람이 난 여자 앞에서 아주머니가 얼마나 화가 났을까요?"

"성진 씨는 어디에 있었는데요?"

"저요? 아아, 저는 주방 옆 거실 소파에 앉아서 듣고 있었죠."

사실 나는 내가 어디 있었는지 잊고 있었다.

"아주머니가 한참 열불을 터뜨리시고는 돌아가시길래 제가 현관으로 가서 문을 열어드렸어요. 아주머니에게 엄마를 대신해서 정말 죄송하다고 조심히 돌아가시라고 인사드렸어요. 아주머니가 엄청 슬픈 표정을 지으시더니 저한테 미안하다고 하시더라고요. 근데 저한테 미안하실 이유가 없잖아요. 제일 힘든 사람은 아주머니니까요. 아주머니 표정을 보니 마음이 아프더라고요."

상담 선생님은 아무 말도 없이 나를 빤히 쳐다봤다.

"근데 엄마가 안타깝기도 했어요. 이십대 초반에 결혼해서 제가 세 살 때 이혼했거든요. 그 이후에는 10년이 넘도록 연애하지 않으셨고요. 혈기 왕성한 나이에 누구라도 만나고 싶지 않았을까요? 물론 상대가 유부남인 건 말할 필요도 없는 엄마의 잘못이죠."

지독할 정도로 반응이 없는 상담 선생님의 표정에 슬슬 민망해졌다. 나는 머쓱하게 말을 이었다.

"하여튼 아주머니가 떠나고 엄마가 멍하니 주방에 앉아 있길래 엄마한테 드라마 〈미안하다, 사랑한다〉 봐도 되는지 물었어요. 제가 엄마한테 무슨 일이냐고 심각하게 물어보면 엄마가 신경 쓸 게 뻔하잖아요. 드라마가 최종화까지 얼마 안 남아 있기도 했거든요. 엄마가 봐도 된다고 하더라고요. 그래서 아무 말 없이 드라마를 봤어요. 그게 전부예요."

"옛날이야기 하듯이 얘기하네요."

"있었던 일을 얘기한 건데요?"

"아무도 성진 씨를 챙기진 않았어요."

"왜 챙겨요? 저는 그 일과 상관없잖아요."

"아니지, 성진 씨가 어른들 얘기를 다 알 필요는 없잖아. 미성년자니까. 어디 가 있으라고 해도 됐잖아."

"에이, 중학생이면 다 컸죠. 엄마랑 아주머니 둘 다 정신없으셨어요. 주변에 이런 집도 많았어요. 집안 분위기가 안 좋은 집들? 저보다도 상황이 훨씬 안 좋은 친구도 많았어요."

"그럼 성진 씨 마음은 어땠어요?"

"저요? 제 마음이요?"

말문이 막혔다. '마음이 어땠더라' 하고 들여다보는데 정말 텅 비어 있었다. 부정적이지도, 긍정적이지도, 슬프지도, 화나지도, 기쁘지도 않았다. 마음은 어디에도 없었다. 소파에 가만히 앉아 있는 몸만 있었다.

"마음이 없는데요?"

"다른 사람 마음은 다 있는데, 성진 씨만 마음이 없네?"

세상천지에 마음이 없는 사람은 또 처음이네. 말 그대로 텅텅 비어 있는 마음을 들여다보며 생각했다.

───

사람은 무엇으로 사는가? 병상에 누운 채 배변통에 엉덩이를 올리며 떠올린 질문이었다. 간호사는 일을 마치면 연락하라며 호출 벨을 가리켰다. 33년 동안 매일 못해도 세 번은 꼬박꼬박 배출한 소변인데 별안간 침대 위에서 누려니 오줌이 좀처럼 나오지 않았다. '누가 침대에서 오줌을 싸나?'라고 의식이 호통을 쳐 요로를 꽉 틀어막는 듯했다. 발가락만 꼼지락거리다가 겨우 간호사를 불렀다. 간호사는 돌아와 휴지로 사타구니를 정성껏 빡빡 닦아주었다. 엉덩이도 야무지게 들쳐 훔쳤다.

독일에서는 소변줄 대신 슈텍베켄Steckbecken이라는 스테인리스로 된 배변통을 쓴다. 널찍한 냄비처럼 생겼는데 내용물이 넘치지 않도록 입구가 옆으로 넓게 펼쳐져 있다. 환자가 소변이나 대변을 보고 나면 간호사는 배변통의 뚜껑을 덮고 조심스럽게 들고 나가는데 그 모습이 꼭 음식을 서빙하는 웨이터를 닮아서 쓴웃음이 났다.

"언제쯤 혼자서 화장실을 갈 수 있을까요?"

간호사가 난감한 듯 눈썹을 올렸다가 내렸다.

"미안하지만 의사가 허락하기 전까지 침대에서 내려올 수 없어요."

알았다고 고개를 끄덕이니 간호사는 언제나처럼 배변통을 곱게 받쳐 들고 나갔다. 여지없이 쓴웃음이 났다.

뭐 하나 스스로 할 수 있는 일이 없었다. 식사 시간도 마찬가지였다. 빵 한 조각 혼자 먹을 수 없어서 간호사가 대신 빵을 가르고, 버터와 잼을 발라야 했다. 나는 한쪽에는 버터를, 한쪽에는 잼을 발라 두 가지 맛으로 먹는 방식을 좋아했는데 당연히 간호사에게 부탁할 일은 아니었다. 취향은 아무런 의미가 없었다. 음식이 문제없이 내 입으로 들어올 수 있는지, 소화기관이 필요한 영양분을 충분히 흡수할 수 있는지가 중요했다.

그나마 전날 밤부터 기다렸던 커피를 받았을 때 잠시 '삶의 이유'를 찾은 듯했다. 활짝 웃는 나를 본 간호사는 방긋 웃으면서 잔에 커피를 가득 채웠다. 간호사가 나가고 나는 조심스럽게 간이 식탁을 세팅했다. 유튜브 영상을 잘 볼 수 있게 생수통에 스마트폰을 기대어 세우고, 그 앞에 커피잔을 놨다. 입원 후 처음 갖는 커피 타임이었다.

고대하던 첫입을 마셨을 때 놀라 뒤집어졌다. 비유가 아니라 실제로 뒤집어졌다. 커피가 너무 뜨거웠기 때문이다. 아슬아슬하게 잔을 잡고 있던 손이 흔들려서 뜨거운 커피의 반이 몸으로 쏟아졌다. 포동포동 살이 오른 배가 시뻘건 색으로 달아올랐다. 컵을 가지러 돌아온 간호사는 커피 범벅이 된 나를 보고 "신이시여"라고 탄식했다. 사람은 무엇으로 사는가?

수많은 고통 중 으뜸은 씻을 수 없다는 사실이었다. 병실에는 볕이 잘 들었지만, 공기는 전혀 순환되지 않았다. 꼭 여름볕에 주차해둔 검은 자동차 같았다. 어떤 간호사는 병실 문을 열다가 화들짝 놀라며 '젠장, 왜 이렇게 더워?'라며 혼잣말하기도 했다. 입원 내내 등은 젖어 있었고 온몸이 끈적끈적했다.

아침이면 간호사가 깨끗한 물이 담긴 세숫대야와 수건을 들고 병실을 돌았다. 세수 겸 목욕 흉내를 낼 수 있는 시간이었다. 그나마도 감사한 시간이었지만 젖은 수건으로 얼굴, 등, 가슴, 겨드랑이, 팔을 닦는 게 전부였다. 발을 함부로 움직이면 안 됐기에 허리 밑으로는 아예 닦을 수도 없었다.

땀범벅인 상태로 제대로 씻지 못하고 침대에만 누워 있으니 이틀 만에 엉덩이부터 살이 짓무르기 시작했다. 침대보는 자비 없이 까슬했다. 살이 쓰라려 앉지도 눕지도 못할 지경이었다. 나는 성인 여성의 걸음으로 일곱 보 정도 거리에 있는 화장실을 바라봤다. 화장실 문은 열려 있었다. 샤워기를 틀어서 차가운 물로 몸을 식히는 상상을 했다. 현실 속 나는 시큼한 냄새가 나는 시트에서 땀만 흘리며 멀뚱멀뚱 앉아 있었다. 사람은 정말로 무엇으로 사는가?

―――

정신과 동등하지 않은 몸, 텅 빈 마음, 수면 아래서만 울렁이는 감정……. 상담은 나에게 온갖 힌트를 던지는 수수께끼 같았다. 쉽게 답을 찾을 수 없었다. 멀진 않았다. 닿을 듯한 거리에 있었지만 끝내 닿지 않았다. 반 정도 완성한 퍼즐 같았다. 잘 보면 형태가 보일 것 같았지만 동시에 맞추지 못한 퍼즐 조각이 사방에 흩어져 있었다.

"왜일까요?"

도구로 쓰는 몸, 내가 없는 기억, 감정을 차단하는 정신이 돌림노래처럼 돌고 돌았다. 한참을 고민하다가 자신 없이 입을 열었다.

"두고 와서?"

"뭐를 두고 왔어요?"

"몸을요."

엎드려서 117대를 맞는, 거실 소파에 멍하게 앉아 엄마와 아주머니의 다툼을 듣는, 밖에서 나는 큰 소리에 방에서 혼자 벌벌 떠는, 볼더링 스튜디오 바닥에서 비명을 지르는, 이동식 침대 위에 덩어리로 남겨진……. 모든 곳에서 정신만 빠져나온 것이었다. 그 자리에 두고 온 나의 몸이 차례대로 뇌리에 스쳤다. 어느 하나 빠지지 않고 있던 자리에 그대로 있었다. 소리 하나 내지 못하고 우두커니 버려져 있었다.

"잘 찾아왔네."

마음 깊숙한 곳이 또 일렁이기 시작했다. 이번에는 진폭이 컸다. 속이 울렁거리고 불편하면서도 반가운, 이상한 감각이었다.

"몸한테 하고 싶은 말이 있어요?"

선생님의 말씀에 '뭘 그렇게까지'라는 이죽거림이 앞니까지 나왔다가 겨우 들어갔다. 내 몸에게 말을 거는 상상을 하니 쑥스럽고 머쓱했다. 오글거리기도 했다. 손거스러미를 뜯으면서 한참 동안 할 말을 골랐다. 무슨 말로 운을 띄우면 좋을까?

탈출하자. 끈적이는 땀과 쓰라린 피부에 잠에서 깨어 아무것도 할 수 없는 새벽에 나는 결심했다. 벗어날 곳은 침대였고 목적지는 샤워기가 있는 화장실이었다. 축축한 병상에 1초라도 더 있느니 기꺼이 위험을 감수하기로 했다. 화장실까지 3미터도 채 되지 않는 거리였다. 전략은 간단했다. 오른발로 깽깽이걸음을 해 화장실 안에 있는 환자용 간이 의자에 앉기. 손 뻗으면 닿을 듯한 거리이니 조심스럽게 움직이면 아무 문제없을 것 같았다.

첫발을 내디뎠다. 사고 이후 처음으로 밟는 땅이었다. 깁스한 팔다리 때문에 중심을 잡기가 어려웠다. 하지만 못 할 정도는 아니었다. 두 번, 세 번, 네 번…… 앙감발로 열 번쯤 뛰니 화장실 문고리를 잡을 수 있었다. 문고리를 잡고는 수월했다. 무게 중심을 틀어 세면대 앞에 있는 환자용 간이 의자에 앉았다. 성공이었다.

부스에 있는 샤워기를 꺼냈다. 환자용 의자에 앉은 채 샤워할 수 있는 구조였다. 차가운 물을 틀어 다치지 않은 몸에 끼얹었다. 간절히 원하던 냉기가 온몸에 퍼졌다. 환호성이라도 지르고 싶었다. 누구라도 붙잡고 "찬물 샤워 최고!"라고 소리치고 싶었다. 실실 웃으면서 물비누를 잔뜩 짜서 몸 곳곳에 비볐다. 거품 위로 찬물을 틀어 쓸어버렸다. 거품과 함께 마음속 뭔가도 같이 쓸려 내려갔다. '할 수 있잖아. 할 수 있었으면서 괜히 그랬잖아.' 쯧쯧 혀를 차며 오른발을 향해 손가락질했다.

깨끗한 수건으로 온몸을 닦았다. 수술한 다리 쪽 붕대가 약간 젖긴 했지만, 상처 부위는 아니었다. 이제 침대로 무사히 돌아가기만 하면 될 일이었다. 젖은 바닥을 조심스럽게 피해서 다시 깽깽이걸음을 했다. 혹시라도 미끄러질까 봐 등줄기에서 식은땀이 났다. 환자용 의자로 중심을 잡아 화장실에서 무사히 빠져나올 수 있었다. 2미터 남짓한 거리만 가면 침대였다.

당연히 나는 넘어졌다. 그럴듯한 계획인 듯 적었지만, 사실 처음부터 끝까지 미친 짓이었다. 오른쪽으로 쓰러지듯 살짝 넘어져서 다행이라고 해야 할까? 아니었다. 이틀 전에 몸의 반절을 부숴놓고 부서진 몸을 이제 어두운 병실 바닥에 널브러뜨렸다. 어마어마한 고통을 겪고도 뭐 하나 배운 게 없다는 점에서 전혀 다행이 아니었다. 추락 사고가 몸의 반항이라고 생각했던 순간이 떠올랐다. 완전히 틀렸다. 경고도, 복수도 아니었다. 나는 언제나처럼 또 몸을 내팽개쳤을 뿐이었다. 몸은 익숙하게 그 자리에 내팽개쳐져서 바닥에 덩그러니 놓였다.

병실 바닥을 기어 침대 팔걸이를 겨우 잡았다. 몸은 병실 바닥의 먼지로 칠갑이었다. 샤워가 무색했다. 화가 치솟아 손바닥으로 세게 내 머리를 내리쳤다. 이번에도 몸만 아팠다. 정신은 콧노래를 부르면서 팔짱을 낀 채 어깨를 으쓱하고 있었다.

―――

몸에게,

너에게 말하려니 정말 어색하다. 이제야 말을 걸어서 미안해. 좀더 빨리 이야기할 수 있었다면 좋았겠지만, 알다시피 나는 너와 교류하는 편이 아니잖아. 의식하진 못했지만 이제와 생각해보니 항상 미안한 마음이었어. 전할 용기가 없었어. 어쩔 줄을 몰라서 묻어두고 방관했지. 근데 그 마음이 어디 안 가고 부채감으로 바뀌더라. 네가 괴로우면 불편하고 껄끄러웠어. 그러면 또 도망가고 싶었어.

나름의 이유는 있었어. 어릴 때는 고통을 피하는 방법을 잘 몰랐어. 아무도 알려주지 않았거든. 그래서 너를 두고 갈 수밖에 없었어. 괴로움을 온전히 느끼기엔 어렸었나 봐. 맞설 수도 없고 미워할 수도 없으니까. 그저 너에게서 빠져나오는 게 가장 쉬운 방법이었어. 지금의 나라면 같은 일이 생겼을 때 도망치지 않고 너와 함께했을 거야. 이제 나는 비로소 어른이라 뭐가 맞고 틀린지 알거든.

이제 너를 마주하기로 했으니까 더는 두고 가지 않는 연습을 할게. 괴로워도 같이 느끼도록 해볼게. 순간을 함께 몰입하고 느껴볼게. 힘들다고 너에게 고통을 던지고 도망치지 않을게. 누구보다 네 편이 될게. 외로웠지? 늦어서 미안해.

회복

병원에서의 생활을 요약하면 '어리둥절한 아시안 여자의 고통'이었다. 병원의 시스템은 고사하고 앞에서 몇 분째 내게 말하고 있는 사람이 누구인지조차 알 수 없었다. 특히 흰색 폴로티 집단이 의문이었다. 한 시간에 한 번꼴로 병실 문을 두드리고는 다른 환자를 데리고 나가거나 나를 끌고 방사선실이나 MRI실에 밀어 넣고는 했다.

나는 멋대로 그들이 의사나 간호사라고 생각했다. 단순하게는 유니폼이 흰색이었고, 좀 더 단순하게는 심각한 표정으로 부상 부위를 훑어보고는 "'알레스 굿Alles gut(다 괜찮아)"이라고 말했기 때문이었다. 병원에서 누구도 나에게 괜찮다고 말해주지 않았기에 더욱 그랬다. 얼마 후 그들이 환자 이송 팀이란 걸 알게 됐다. 혹시나 해서 찾아보니 의학적인 지식이나 전문적인 업무와 별 관계 없는 파트타임 근무자라고 했다. 영 심란했다.

병실에 주기적으로 찾아오는 의문의 여자도 있었다. 사복 차림(사흘 내내 같은 복장이었다)에 검은색 노트북 가방을 들고 도수가 꽤 높아 보이는 안경을 쓴, 베를린 길거리에서 흔하게 마주칠 법한 독일인 여성이었다. 그는 항상 같은 질문을 했다.

"어때요? 좀 괜찮아요?"

답하기 어려웠다. 팔꿈치? 발목? 인대? 아님 정신 상태? 괜찮지 않은 곳이 한두 군데가 아니었다. 나는 대충 눈치로 팔꿈치와 발목에 대해 말했다. 그러면 그는 잠시 안쓰러운 눈빛을 나에게 건넸다. 그게 다였다. 누구냐고 물어볼 틈도 없이 여자는 빠르게 사라졌다. 사흘 내내 우리의 만남은 같은 패턴이었다.

세 번째 본 날에야 "누구세요?"라고 물을 기회가 생겼다. 그는 팔꿈치를 가리키며 들어본 적 없는 단어를 말했다. 물론 이해하지 못했다. 그는 누구였을까? 의료 보조용품을 판매하는 영업사원이었을까? 팔꿈치 MRI를 분석하는 영상의학과 의사? 혹은 담당의? 아니면 수간호사였을까? 사실 중요하지 않았다. 중요한 건 그가 팔꿈치를 가리키기 전까지 발목에 대해 말하고 있다고 생각한 내 듣기 능력이었다.

여자를 다시 만난 건 두 번째 수술이었던 팔꿈치 인대 재건 수술 직전이었다. 수술용 침대에 몸을 맡긴 채 마취실에 들어왔는데 별안간 자동문이 열렸다. 수술복을 입은 여자였다.

"안녕! 프라우 욘, 떨리나요?"

나는 그제야 여자의 정체를 알 수 있었다.

"아! 당신이 제 팔꿈치 수술을 하는군요?"

"말했잖아요. 제가 당신의 팔꿈치 파열 인대를 재건한다고요."

"몰랐어요. 독일어로 인대가 뭔지 모르고, 파열도 몰랐어요. 재건을 제가 어떻게 알겠어요. 한국어로도 어려운 단어라고요. 외국인에게 뭘 기대하세요. 팔꿈치란 단어도 이번에야 알았어요"라며 의사를 붙잡고 하소연하는 상상을 했다.

"솔직히 당신이 누구인지 몰랐어요."

하소연 대신 의사를 보며 멋쩍게 웃었다.

"괜찮아요. 수술이 끝나면 봅시다."

처음으로 미소를 지어 보인 의사는 손을 흔들며 마취실

을 빠져나갔다. 나도 수술용 침대에 누워 수액용 바늘이 꽂힌 손을 의사가 나간 문 쪽으로 흔들었다.

―――

5월 29일

입원은 처음인데 병동 사람 모두 친절하다. 특히 간호사 분들이 친근하고 장난도 많이 친다. 한국에서는 간호사 한 명이 담당해야 할 환자가 많아서 근무 환경이 열악하다는데 독일은 간호사도 많고 빈 병실도 많다. 이러니저러니 해도 선진국이어서 그런가 보다.

5월 30일

오늘 병원에서 쫓겨났다. 아침에 담당 간호사가 오더니 집으로 돌아가야 한다고 했다. 사고를 당한 지 사흘, 다리 수술 후 이틀째 되는 날이었다. 오늘 퇴원을 해도 사흘 뒤면 팔꿈치 수술이라 어차피 다시 입원해야 했다. 심지어 병원은 집에서 차로 50분 거리였다. 돌봐줄 사람도 마땅치 않아서 사정을 말했지만, 간호사는 단호하게 거절했다. 친절하던 얼굴이 더는 어디에도 없었다.

그러고 보니 친구에게 비슷한 얘기를 들은 적 있었다. 독일은 공보험의 경우 자기부담금 10유로를 뺀 입원비를 모두 보험으로 처리하기 때문에 최소한의 날짜만 입원하도록 한다는 것이었다. 알 박으려는 환자와 그를 내보내려는 의료진의 싸움이 일상이라고 했다. 독일인 친구에게 연락하니 "네가 공보험을 가지고 있다면 의사는 딱 네가 죽지 않을 정도로 치료하고 돌려보낼 거야. 어쩔 수 없어. 독일 병원 시스템이야. 독일에 온 걸 환영한다"라고 말했다. 눈물 나게 고맙다, 친구야.

5월 31일

익숙한 침대에서 눈을 뜨다니, 믿기지 않는다. 집이 최고다. 사고 이후 처음으로 길게 잠을 잤다. 깁스한 팔이 간지러워 몇 번 깨긴 했지만 그래도 새벽에 눈을 뜨지 않았다는 사실만으로 행복하다.

6월 2일

내일 병원에 다시 입원한다. 우리 집은 독일식 3층, 한국으로 치면 4층인데 엘리베이터가 없다. 즉 계단에 주저앉아서 엉덩이로 땅층(한국식으로 1층)까지 내려가야 한다는 말이다. 중간에 퇴원시키지만 않았어도 이 고생을 안 해도 됐을 텐데, 독일 의료 시스템이 원망스럽다. 아프다. 세상이 싫고 모두 밉다.

———

문제는 언어였다. 내 독일어 레벨은 중급 수준인 B2인데 그나마도 단어 공부를 하지 않아 어휘는 대부분 눈치로 때려 맞췄다. 아쉽게도 정맥, 골밀도, 염좌, 회전근개 같은 의학용어 앞에서 눈치는 맥을 못 췄다. 잠이 오지 않는 밤이면 괜히 화증이 나 독일어를 칠갑한 수술 동의서와 치료 계획서를 갈기갈기 찢어 불태우는 상상을 했다.

독일어는 자꾸 나를 어디론가 끌고 갔다. 한번은 제대로 길을 잃었다. 매일 저녁 식사가 끝나면 당직 간호사가 배에 주사를 놓곤 했다. 그는 주사를 보여주며 '트럼포제'를 위한 것이라고 했는데 구글 검색에 'Tlumpose', 'Tlompose', 'Thrumpose', 'Thlompose'를 쳤는데 아무것도 나오지 않았다.

며칠 지나니 몸에 변화가 느껴졌다. 보통 저녁 식사 이후에는 속이 더부룩하고 아랫배가 부푸는데 주사를 맞으면 신기하게 속이 편안해지면서 배가 들어갔다. 주사를 놓은 후 간호사는 항상 오늘 화장실에 다녀왔는지를 물었다. 나는 '트럼포제'가 장의 가스나 노폐물에 관한 단어일 거라고 확신했다. 수술 후에는 화장실을 가기가 힘드니 주사로 장 활동을 조절하기 위함이 명백했다. 놀라운 발견에 들떠 그날 저녁 간호사에게 괜한 잡담을 걸었다.

"이 주사는 언제까지 맞아야 해요?"

"목발 없이 걸을 수 있을 때까지요."

"그렇군요. 근데 저 이제 스스로 화장실 갈 수 있어요."

"네?"

"혼자서 화장실 갈 수 있다고요. 그래도 이 주사를 계속 맞아야 하나요?"

"이해가 안 돼서 그러는데 다시 말해줄래요?"

나는 쑥스러워하며 간호사에게 소곤소곤 말했다.

"이거…… 카카 Kacka(똥 혹은 응가)를 도와주잖아요."

"카카? 이게 왜 카카를 도와줘요?"

"저는 화장실 가기가 어려우니까…… 카카를 좀더 잘할 수 있게 하잖아요."

"이게요? 세상에! 푸하하하."

중년 간호사는 몸을 비틀거리며 자지러지게 웃었다. '트럼포제'의 정체는 혈전증을 뜻하는 트롬보제Thrombose였다. 못해도 30초 이상 걸걸하게 웃는 간호사 앞에서 괜히 아랫배가 부끄러웠다. 언어의 한계로 몸과 나 사이에 사소한 오해가 촘촘히 쌓였다. 나중엔 머릿속에 둥둥 떠 있는 독일어 단어들 사이에서 뭐가 맞고 틀린지 헷갈렸다. 나중에는 헷갈리든 말든 어쩔 수 없다고 생각했다.

6월 3일

두 번째 수술을 위해 입원해야 하는데 부족한 서류가 있어서 휠체어에 실린 채로 병원을 빙빙 돌았다. 자기만 믿으라며 사방팔방 휠체어를 밀고 다닌 애인의 등줄기에 땀자국이 선명했다. 휠체어고 뭐고 던져버리고 같이 뛰어다니고 싶었다. 현실은 문턱에 바퀴가 걸려 덜컥거리기만 해도 통증에 팔꿈치를 부여잡는 환자였다.

무표정한 접수원은 보통 담당 간호사가 퇴원하는 날에 재입원에 필요한 서류 목록을 준다고 했다. 나는 맹세코 받은 적 없었다. 세 시간을 헤매다 겨우 필요한 서류를 구해 병실에 들어갔다. 진이 다 빠진 애인은 그저 잘 도착했으니 됐다고 했다. 한참 동안 확인 못 한 스마트폰을 보니 응원 메시지가 쌓여 있었다. 모두에게 미안하면서 사무치게 외로웠다. 무슨 기분인지 모르겠다.

6월 4일

왜 태어나서 이런 고통을 겪어야 할까? 이해할 수 없다. 태어나지 않았으면 아플 필요도 없을 텐데.

6월 5일

다치지 않은 오른쪽 팔과 손에 주사 놓을 핏줄이 더는 없어 간호사끼리 회의가 열렸다. 웬만한 핏줄에는 이미 주사 자국이 있었다. 몇 곳은 멍이 들었거나 부어올라 있었다. 나를 둘러싼 간호사들 사이에서 나는 억지로 방긋방긋 웃었다. 속으로는 다시 골절 사고를 당하면 치료 없이 세상을 뜨고 싶다고 생각했다.

간호사든 의사든 뭘 물어보기만 하면 아츠트브리프Arztbrief에 나와 있다고 한다. 독일어로 아츠트Arzt는 의사, 브리프Brief는 편지다. 직역하면 의사의 편지이고 의미로 따지면 의사 소견서에 가깝지만 딱 떨어지지는 않는다. 아츠트브리프에는 진단, 수술 경과, 약물 처방, 수술 후 관리 방법 등 중요한 정보가 모두 들어 있다. 의사는 환자와 병동에 각각 아츠트브리프를 보내고, 환자와 간호사는 종이에 적힌 정보를 바탕으로 치료에 임한다.

번역기 화면을 채운 들쑥날쑥한 글자를 보고 있자니 정말 곤란했다. 번역 성능이 좋아졌다고는 하지만 전문 용어로 뒤덮인 문서 앞에서는 맥을 못 췄다. 터무니없는 문장뿐만 아니라, 말이 되는 문장을 발견했다고 해도 자꾸 의심이 들었다. 조악하게 뒤섞인 단어 나열처럼 치료도 뒤죽박죽이 되어버릴까 봐 불안에 떨었다.

"안녕하세요! 프라우 욘."

독일어로 고통받는 중에 들려온 한국어는 나에게 진정한 구원이었다. 인사를 한 사람은 자그만 체구의 또래 아시안 여자였다. 심지어 의사 가운을 입고 있었다. 베를린 종합병원에서 나를 담당하는 의사가 한국인일 확률이 얼마나 될까? 극히 미미한 확률이 현실로 이뤄진 순간 나는 물구나무를 서서 병실을 빙빙 돌고 싶었다. 한국어로 편하게 이야기하자는 눈, 코, 입의 모양이 익숙했다. 오해의 틈이 좁은, 불안이 끼어들기 힘든, 예측할 수 있는 움직임이었다.

들뜬 마음으로 시작한 대화는 시간이 길어질수록 서서히 잦아들었다. 독일에서 의학을 공부하는 그는 모든 의료 용어를 독일어로 말했다. 즉 근막, 척골신경, 비골 같은 어려운 단어는 독일어로만 말할 수 있었다. 그의 한국어는 나에게 이렇게 들렸다.

"프라우 욘, 수술은 잘됐어요. ( )랑 ( )가 프라우 욘에게는 문제였는데, ( )가 도움이 됐어요. ( )는 앞으로 ( )하게 치료할 예정이에요. ( )같은 게 있는 환자는 ( )하면 되거든요. ( )는 다음 수술에서 ( )할 거예요."

한국어여도 여전히 알아들을 수 없는 모순에 웃음이 터져 나왔지만 꾹 참았다. 씰룩거리는 입술을 꾹 누르고 바쁘게 방을 나서는 그를 붙잡았다.

"선생님, 마지막에 말씀하신 ( )가 뭐예요?"

그는 종이를 꺼내 스펠링을 빠르게 쓴 후 나에게 건넸다. 나는 한 손에 종이를 들고, 다른 손은 엄지를 세워 따봉을 해 보였다. 혼자 남은 병실에서 단어가 적힌 종이를 들여다봤을 때 결국 참았던 웃음을 터뜨리고 말았다. 종이에는 독일인도 읽지 못한다는 의사 필기체로 의미 모를 단어가 적혀 있었다. 나중에 병동 간호사들 모두에게 물어봤지만 아무도 글자를 읽지 못했다. 나는 계속 웃기만 했다.

———

6월 6일

팔꿈치 인대 재건 수술을 했다. 발목 수술했을 때 전혀 아프지 않아서 방심했다. 밤부터 마취가 풀리기 시작했는데 팔꿈치 속 살이 열 배로 부풀어 오르는 느낌이었다. 아닌가? 왼팔 전체가 불타는 느낌인가? 하여튼 견딜 수 없어서 새벽 내내 간호사를 불렀다. 간호사는 자기가 줄 수 있는 진통제 중 가장 강한 진통제를 줬다며 이 이상은 간이 견딜 수 없을 거라고 했다. 이상하다. 진통제를 맞아도 아무런 효과가 없는데, 계속 똑같이 아픈데……. 다음 날 아침이 되니 조금 나아졌다. 새벽 내내 괴롭힌 간호사에게 미안했다고 사과했다. 그는 괜찮다고 했다. 병실에 오는 사람마다 소문을 듣고, 어제 심하게 아팠냐고 물어봐서 민망했다.

6월 7일

큰일 났다. 정형외과 예약을 해야 한다. 즉 예약을 위한 예약과 다음 예약을 위한 예약을 해야 하고, 처방전을 위한 처방전과 그 처방전을 받기 전 꼭 받아야 하는 처방전을 받아야 하며, 한 번이라도 눈길을 주는 최소한의 양심을 가진 의사를 찾아야 하는 고난이 시작됐다는 말이다.

병실 침대에 누워 스마트폰으로 하루 종일 베를린의 정형외과를 뒤졌다. 새로고침을 한 시간 동안 했더니 드디어 한 자리가 났다. 놀라서 예약을 누른다는 게 실수로 스마트폰을 놓쳤다. 하필 모서리 방향으로 얼굴에 떨어뜨려 입술이 터졌다. 아무도 없는 병실에서 입술에 흐르는 피를 닦고 있으니, 눈물이 핑 돌았다. 몇 분 동안 눈물과 피를 뚝뚝 흘렸는데 아무 일도 일어나지 않았다. 주섬주섬 얼굴을 닦고 다시 스마트폰을 들어 '완료'를 눌렀다. 아싸! 예약 성공이다.

6월 10일

정형외과에서 예약을 취소했다. 취소 사유는 '휴가'란다. 휴가면 애초에 예약을 왜 받은 거야? 미친 인간 아니야? 침대를 주먹으로 내려쳤다. 먼지가 날렸다. 다시 한번 내려치려다 나만 손해라 그만뒀다. 이를 갈면서 새 예약 자리를 찾았다. 막상 다시 예약하고 보니 화가 풀렸다. 어째 독일 시스템에 가스라이팅당하는 꼴이다.

한번은 팔꿈치 수술을 앞두고 MRI 촬영을 먼저 했다. 촬영기사는 깁스한 팔을 머리 위로 고정해야 한다면서 정성껏 자세를 잡아줬다. 수술 전이라 팔꿈치 통증이 심했지만 한 번 찍는 MRI니 꾹 참기로 했다. 촬영은 소문처럼 지난했다. 40분에 달하는 촬영 시간도 그랬고, 기계에서 나는 이상한 소리도 유쾌하지 않았다.

다음 날 수술 전에 의사가 병실로 나를 찾아왔다. 의사의 입에서 나온 말은 예상 밖이었다. "깁스 때문에 촬영이 제대로 되지 않았어요. 그런데 MRI는 비싼 검사라 추가 촬영 없이 바로 수술하려고 합니다."

나는 멍한 표정으로 의사를 쳐다봤다. 의사의 얼굴에는 '어쩌다 보니 그랬네요. 그냥 그렇게 알아두시면 돼요'라고 적혀 있었다. "어디가 문제인지는 어떻게 확인해요?"라는 질문에는 "큰일 아니에요. 수술하면서 확인하면 되니까 걱정하지 마세요"라고 답하고는 사라져버렸다. "그럼, 애초에 수술 전 MRI는 왜 찍어요? 비싼데? 열어서 확인하면 돈도 적게 들잖아요. 다 찍지 마요. 영상의학과가 병원에 왜 필요해요, 그럼?"이라고 말대꾸할 기운이 없는 게 의사에게는 참 다행인 날이었다.

세 번째 수술은 더 어이가 없었다. 첫 번째 수술에서 발목 뼈에 박은 나사 중 하나를 제거해야 했는데 의사의 말로는 시술에 가까운 수술이라고 했다. 앞선 두 번의 수술로 전신마취라면 이골이 났기 때문에 가능하다면 부분 마취로 수술하고 싶다고 했다. 의사도 좋은 선택이라고 반겼다.

수술 날, 나는 또다시 수술용 침대에 누웠고 마취실에 도착했다. 새로운 마취과 의사가 등장해 다정한 말을 건넸다. "어제는 잘 잤어요?", "몸은 괜찮아요?", "다 괜찮아요". 익숙한 말에 나는 끄덕끄덕 미소를 지었다. "자고 일어나면 다 끝나 있어요." 무심코 고개를 끄덕이려다 정신이 번쩍 들었다.

"잠깐만요. 저 오늘 전신마취 안 하는데요?"

의사도 놀라서 파일을 뒤적였다.

"오? 프라우 욘 맞죠?"

"네."

"파일에 안 적혀 있는데요?"

마침 집도의가 마취실에 들어왔다. 마취의가 자초지종을 말하니 잠시 생각하던 집도의가 어깨를 으쓱하며 "그럼, 전신마취 없이 하죠, 뭐"라고 했다. 마취의도 좋다며 컴퓨터를 두들기기 시작했다. 황당한 표정을 짓는 사람은 나 혼자였다.

무엇보다 다친 부위의 방향을 잘못 적는 실수는 좀 심했다. 담당의가 아츠트브리프에 내 팔꿈치 부상 위치를 잘못 적어서 정형외과, 물리치료실, 가정의학과에 갈 때마다 의사가 오른쪽 팔꿈치를 만지작거렸다. 그러면 나는 한숨을 쉬고 "다친 쪽은 왼쪽인데 의사가 방향을 잘못 적었어요"라고 말하며 왼팔을 내밀어야 했다.

독일의 의료 수준은 세계적으로 뛰어나다던데 나한테는 와닿지 않았다.

6월 12일

드디어 정형외과를 다녀왔다. 환자도 많고 의사도 많은 정형외과였다. 다행히 리셉션과 의사 모두 친절했다. 어렵게 예약을 한 보람이 있다.

오늘은 팔꿈치 실밥을 제거하는 날이었다. 상처 부위가 간지럽고 당겨서 오늘을 기다려왔다. 간호사가 실밥을 푸는데 그다지 아프지 않았다. 팔꿈치에 상처가 두 개인데 왜인지 바깥쪽 상처의 실밥만 풀어줬다. 의아하긴 했는데 아츠트브리프를 공부하듯 들여다본 걸 생각하면 이유가 있지 않을까 싶다.

6월 19일

돌팔이 정형외과 같으니! 오늘도 팔꿈치 안쪽 실밥을 안 풀어주길래 이유를 물어보니까 놀라더니 실수라고 한다. 아츠트브리프(그놈의 아츠트브리프! 제대로 읽는 사람을 못 봤다)에 적혀 있는데 어떻게 이럴 수 있느냐니까 가끔 빼먹는 경우도 있다면서 지금이라도 풀면 된다고 스트레스 받지 말라고 한다. 애초에 제때 풀었으면 스트레스 받을 일도 없었을 텐데! 이미 상처가 아물어서 실밥을 풀 때마다 피가 났다. 간호사의 얼굴을 쳐다봤다. 미안한 기색도 없다. 오늘 당장 정형외과를 바꾸겠다.

6월 27일

새로 찾은 정형외과는 집에서 800미터 떨어져 있다. 병원 예약 앱에 운 좋게 자리가 나서 순서를 잡았는데 구글 평점이 2.8이었다.

예약했는데도 대기실에서 한 시간 반 정도 기다려야 했다. '건방진 놈들……'이라고 중얼거리는데 진료실에 나이가 많아 보이는 의사 선생님이 들어왔다. 동안이라고 쳤을 때 구십대 초반(맹세컨대 과장이 아니다) 정도로 보였다. 건방지다는 욕이 무색했다. 그래도 정형외과 의사여서 그런지 허리 하나는 정말 꼿꼿했다.

할아버지…… 아니, 의사 선생님은 나를 한 번도 쳐다보지 않았다. 혼자서 키보드만 뚱땅거리더니(독수리 타법으로 천천히 타자를 입력했다) 처방전을 건네곤 인사도 없이 방에서 나가버렸다. 처방전을 보니 주사 혈전제의 용량이 전보다 100밀리그램 늘어 있었다. 이거 완전 불안하다.

6월 30일

아니나 달라! 마침 종합병원 예약이 있어서 가서 물어보니 잘못된 처방이었다. 기가 막혀! 쳐다보지도 않고 처방하더니 이럴 줄 알았다. 확인 안 하고 그냥 맞았으면 어쩔 뻔했어? 화가 나서 구글에 장문의 악평을 남겼다. 2.8이었던 평점은 2.7이 됐다. 막상 평을 쓰고 나니 약간 두려웠다. 의사가 보고 열 받아서 고소하면 어떡하지? 패소해서 추방당하는 상상까지 했다. 평을 지울지 말지 고민하다가 그대로 두었다. 복수도 맘대로 못 하는 외국인의 삶이여……. 실밥 빼는 걸 까먹은 정형외과로 다시 예약을 잡아야겠다.

종종 한국에서 치료받는 상상을 했다.

집을 나서면 엘리베이터가 있다. 인도는 평평하게 다듬어져 휠체어를 타기 안성맞춤이다. 병원에 도착하면 대기 시간은 길어야 30분이다. 의사에게 한국어로 말한다. 의사도 한국어로 대답한다. 통증에 대해 유창하게 설명하고 궁금한 점이 있으면 정확하게 물어본다.

진료가 끝나면 가까운 순대국밥집에서 잘 익은 섞박지를 곁들인 국밥 한 그릇을 먹는다. 순대보단 내장을 좋아하니까 내장만 넣어달라고 한다. 순대국밥에서 순대를 빼달라고 말할 때마다 이래도 되나 싶다. 오징어볶음에서 오징어를 빼달라고 한다면 미쳤냐고 할 텐데 순대 뺀 순대국밥은 은근히 수요가 있어서 다행이다. 밥이 붙지 않게 따로국밥으로, 간은 양념장 말고 새우젓으로만 한다.

백반도 괜찮다. 지친 날 담백한 반찬에 윤기 나는 쌀밥처럼 힘이 되는 게 없다. 이왕이면 게장이 같이 나오면 좋겠는데 간장게장보단 양념게장 쪽이 마음에 든다. 혹시라도 산나물 철이라면 산채비빔밥을 먹겠다. 독일에서 제일 먹고 싶은 음식인데 매번 철을 놓쳐 먹지 못했다. 속이 더부룩하다 싶으면 생선구이집에 가서 자반고등어에 물만밥을 먹어도 좋다. 짭짤하고 기름진 고등어는 언제고 틀림이 없다.

좀더 스트레스를 받은 날이면 따질 필요 없이 비빔냉면이나 회냉면이다. 혀가 까끌까끌해질 정도로 식초를 듬뿍 둘러서 젓가락에 함흥식 면발을 돌돌 감아서 입에 쏙 넣는다. 회냉면이라면 코다리는 아끼고 아껴서 면이 한 젓가락 남았을 때 두세 점 올려서 먹는다. 턱이 아플 정도로 꼬득꼬득 씹어 먹어야 한다. 만두가 있다면 한 접시 시켜서 차가운 냉면이랑 번갈아가면서 먹을 테다. 단짠단짠만큼 강력한 찬뜨찬뜨랄까.

한식이 안 끌리면 경양식 돈가스집으로 가자. 얇게 펴서 튀긴 돼지고기라 슈니첼과 다를 바가 없는데 서로 대체되지 않는다. 독일에서는 돈가스가, 한국에서는 슈니첼이 먹고 싶다. 인간의 욕망은 참 괴팍하다. 튀김옷이 젖든 말든 투박하게 뿌린 소스, 양배추샐러드(제발 연두색 키위 드레싱만은 아니길), 통조림 스위트 콘, 통조림 파인애플, 아이스크림 스쿱으로 푼 듯 봉긋한 흰쌀밥…….

요즘 경양식집에서도 수프를 전식으로 내어줄까? 여전히 수프 위에 퉁명스럽게 순후추를 '톡' 하고 뿌려 낼까? 골고루 섞으려고 해도 결국 뭉쳐서 후추 덩어리가 둥둥 떠버리던 그 수프를 언제 다시 먹을 수 있을까?

7월 3일

진통제 때문에 새벽에 위경련이 왔다. 아프지 않기 위해서 먹는 진통제인데 과다하게 쓰면 더 큰 고통을 준다는 점이 잔인했다. 새벽 5시까지 버티다 속을 쥐어짜는 통증을 견디기가 힘들어 응급 구조 핫라인에 전화를 걸었다. 핫라인이란 말이 무색하게 5분이 지나서야 상담원과 연결이 됐다.

자초지종을 설명하니 배가 아픈 걸로는 출동할 수 없다는 말이 돌아왔다. 왼쪽 팔다리가 모두 다친 상태라 계단을 내려갈 수가 없으니, 그것만이라도 도와달라 했는데 안 된다며 아침에 주치의에게 가라고 했다. 아파서 죽을 것 같다고요! 고함을 지르고 싶었다. 반대로 입에서는 알겠다는 말이 나왔다. 상담원은 행운을 빈다고 말하며 전화를 끊었다.

결국 아침까지 기다려 주치의를 찾았다. 그마저도 예약이 없다는 이유로 끝없는 대기 끝에 정오 언저리가 돼서야 진료를 받을 수 있었다. 놀랍게도 의사는 위경련은 멈추길 기다릴 수밖에 없다고 아무런 조치를 취하지 않았다. 통증은 열세 시간 만에 멈췄다. 모두 재수 없고 다 지긋지긋하다. 전부 포기하고 싶다.

7월 6일

오늘 휠체어를 타고 처음으로 트람Tram을 이용했다. 독일에서는 휠체어를 탄 승객이 있으면 기사가 내려서 직접 경사판을 설치해준다. 시간이 좀 걸리지만 문제 삼거나 눈치를 주는 승객은 없다. 아주 당연한 일이라 그렇다. 막상 당연한 일을 받아야 하는 주체가 되려니 마음이 좋지 않았다. 장애인도 아니고 사고를 좀 당한 것뿐인데 유난을 떠는 사람이 된 것 같았다.

기사를 기다리자는 애인에게 괜찮다며 목발을 짚고 타겠다고 했다. 막상 트람이 도착하니 승강구가 너무 높았다. 잠시 고민했다. 어정쩡하게 문 앞에 있으니 승객 눈치가 보이고 기사에게도 미안해서 대책 없이 휠체어에서 내려 엉덩이를 승강구에 걸쳤다. 시선이 쏠리는 게 느껴졌다.

문이 닫히기 전에 트람 안으로 몸을 모두 집어넣으려고 하다 보니 바닥에 거의 누운 상태가 됐다. 발목 보조기가 아직 트람 안에 들어오지 못했는데 문이 닫히려고 해서 한 승객이 손으로 문을 잡아주었다. 나는 당황해서 바닥에 주저앉은 상태로 팔을 허우적거렸다. 몸이 뒤집힌 거북이 같았다. 트람이 출발하고도 자리에서 일어나지 못하고 한참 버둥거렸다. 애인의 도움으로 겨우 휠체어에 다시 앉은 나는 캡모자를 깊게 눌러 쓰고 몸을 웅크려 휠체어 안으로 숨었다. 그 모습도 역시 거북이 같았다.

7월 7일

평생 죽음이 무서웠는데 이제는 노화와 질병이 무섭다. 덕분에 죽음이 덜 무섭다. 고맙다고 해야 할까? 죽기 전까지 최대한 오래 이족 보행하고 싶다.

7월 9일

세 번째 수술을 위해 다시 입원했는데 병동에서 유일하게 불친절했던 백인 남자 간호사가 진통제를 먹으라고 했다. 며칠 전 위경련이 온 걸 설명했는데도 간호사는 미세하게 짜증을 내면서 "이건 진통제일 뿐이야"라고 했다. 고민하다 결국 진통제를 먹었는데 새벽에 또 위경련이 왔다. 새벽 내내 간호사를 호출해 고통을 호소했다.

나는 병원의 진상이 됐다. 열 시간 정도 아프고 나서야 통증이 멈췄다. 친근했던 간호사들의 눈빛이 차갑게 변했다. "저 간호사가 나한테 진통제를 먹으라고 했어요! 나는 먹고 싶지 않다고 했어요!"라고 외치고 싶었지만 슬프고 힘들어서 가만히 있었다. 나는 인사도 제대로 못 하고 쫓기듯 또 퇴원했다.

7월 19일

우연히 '전국장애인차별철폐연대'의 기습 시위 영상을 봤는데 "호의가 계속되면 권리인 줄 안다"라는 댓글이 달려 있었다. 일부 사람들은 평생 이족 보행할 자신이 있다는 듯 동조했다. 영원히 늙지도, 아프지도 않을 듯이. 머지않은 미래에 기어코 붕괴하고야 말 그들의 믿음이 그려졌다. 통쾌하긴커녕 내가 그들인 양 괴롭기만 했다.

———

치료 기간 내내 나는 종합병원, 정형외과, 물리치료실, 의료기기 전문점 사이를 오가는 탁구공이었다. 한곳에서 볼일이 끝나면 다른 곳으로 가야 했고, 다른 곳에서는 또 다른 곳에 가기를 권유했다. 평소 같았으면 짜증부터 냈겠지만, 기력이 달려서 별수 없이 그저 튕겨 다녔다. 종일 위태롭게 목발을 짚고 절뚝거리다 집에 돌아와서는 액체처럼 침대에 흡수되어 버렸다.

완전히 지쳤다. 물리적으로 움직이는 일 자체가 버거웠고, 주변의 도움을 받는 일도 지긋지긋했다. 친구의, 택시기사의, 행인의 눈치를 보고 또 보다가 아예 눈을 감아버리기는 일도 있었다. 화는 삭였고, 말은 삼켰다. 말대꾸와 입씨름으로 정평이 난 나인데 이제 다른 사람이 되었다.

팔꿈치 인대 재건 수술 2주 차에는 깁스를 제거하고 보조기를 차야 했다. 독일의 일 처리 속도를 고려해 수술 후 곧바로 정형외과에서 처방전을 받아 의료기기 전문점에 넘겼다. 2주 차에 들어섰지만 의료기기 전문점에서는 연락이 없었다. 전화로 어찌 된 일인지 물으니 배송이 지연돼 일주일을 더 기다려야 한다고 했다. 일주일 후 지점을 방문하니 가뜩이나 늦게 온 보조기가 터무니없이 작았다. 분명 3주 전에 줄자로 팔 둘레를 쟀음에도 작았다.

인터넷에서 본 정보로는 팔꿈치 인대는 사람 몸의 인대 중에 가장 빨리 굳는다고 했다. 필요 이상으로 긴 깁스 기간은 재활 치료에 영향을 줄 수밖에 없다. 이미 나는 한 달 동안 깁스를 한 상태였다. 슬슬 분노가 차올랐다. 다른 직원과 수다를 떨며 건들거리던 직원은 굳어버린 내 얼굴을 보고 뒤늦게 팔꿈치 보조기를 힘으로 늘리는 시늉을 했다.

"뭐 하세요? 소용없어요. 나한테 너무 작아요."

"그럼, 일주일 더 기다려야 할 것 같은데요?"

"뭐라고요? 일주일이요?"

"네."

"저는 이미 일주일을 기다렸는데요? 그런데 일주일을 또 기다리라고요? 당신이 사이즈를 잘못 측정했기 때문에? 제가 아니라, 당신이요. 제가 이해한 상황이 맞나요?"

내 반응을 본 직원은 흠칫하며 두리번거리더니 어디론가 급하게 전화를 걸었다. 수화기를 붙잡고 내 눈치를 보며 소곤소곤 통화를 하더니 나에게 말했다.

"다른 지점에 재고가 있네요. 아마 내일이나 내일모레는 보조기를 받을 수 있을 거예요. 한 시간 내로 확인해서 연락할게요."

웬일로 딱 한 시간 후에 연락이 왔다. 다음 날 보조기를 받으러 오라는 소식이었다. 기다린 시간을 생각하면 여전히 짜증이 났지만, 한편으로는 화낼 기력이 돌아왔다는 사실에 짜릿했다. 며칠 동안 울컥 화를 내던 순간과 흠칫 놀라던 직원의 얼굴을 번갈아 떠올리며 히죽거렸다.

7월 24일

8주간 함께했던 발목 보조기와 작별했다. 목발과도 안녕이었다. 사고 이후 한 번도 두 발로 걸은 적 없었다. 보조기를 빼고 거울 앞에 두 발로 섰는데 근육이 빠진 왼쪽 다리가 오른쪽 다리의 반이었다. 옆에서 지켜보던 엄마는 왼쪽 다리가 날씬하니 보기 좋다고 했다. 빤히 엄마를 쳐다보니 엄마는 말을 마저 하려다 말았다.

왼발이 바닥에 닿는 감각이 낯설었다. 인대가 굳어서 발목이 뻑뻑하게 움직였다. 걷는 감각이 낯설어서 잠시 삐끗하기도 했다. 그래도 신이 나서 오뚜기처럼 흔들거리면서 방을 계속 걸었다. 다리에 힘이 없어서 덜덜 떨리기 시작했을 때 걷는 걸 멈췄다. 잊지 못할 날이다.

8월 16일

우유를 사기 위해 혼자 마트에 갔다. 애인은 무리하지 말고 같이 가자고 했지만 거절했다. 이제 우유쯤은 혼자 살 수 있었다. 계단도 조심조심 혼자 내려갔다. 그렇게 한 발 한 발

내디뎌 마트에 무사히 도착했다. 엄마 심부름을 다니던 어린 시절이 떠올랐다. 스스로가 자랑스러웠다.

늘 마시는 1리터짜리 우유를 골랐다. 팩에 붙은 QR코드를 스캔하면 베를린 인근 농장의 실시간 CCTV를 확인할 수 있는 우유였다. 영상 속 소는 드러누워 쉬기도 하고, 느긋하게 여물을 먹기도 했다. 그게 좋아서 조금 비싸도 항상 이 우유를 사곤 했다.

우유 한 팩을 달랑 들고 집으로 가는데 이삿짐 나르는 남자가 두 손에 든 짐 때문에 문을 열지 못해 고생하고 있었다. 빠른 걸음으로 남자에게 가서 문을 잡아줬다. 남자는 방긋 웃으며 고맙다고 말했다. 문을 잡아줄 수 있는 기회를 줘서 제가 더 고마워요! 라고 외치고 싶었지만, 아닌 척 여유 있게 "천만에요"를 날려줬다. 아마 엄청 쿨해 보였겠지?

8월 25일

다시 골절 사고가 나도 죽지 말아야겠다. 안 죽어도 버틸 수 있을 것 같다.

독일인 친구를 만났다. 내 이야기를 모두 들은 그는 진심으로 나를 걱정했다.

"세상에, 믿을 수가 없다. 정말 유감이야. 내 주치의를 소개해줄게. 내가 가는 큰 병원이 있는데 거기에 한번 연락해봐"

보통 독일인에게는 집안마다 대대로 내려오는 가정의학과 주치의가 있다. 온 가족이 한 주치의에게 진료를 받고 새 구성원이 생기면 그의 병원에 등록한다. 참고로 독일 가정의학과는 등록할 수 있는 환자 수를 제한한다. 고전 소설에 나오는 병원 얘기처럼 들린다면 비로소 당신은 독일의 병원 시스템을 완벽히 이해한 셈이다.

외국인은 변두리의 틈을 노려야 한다. 베를린 병원 대부분이 새로운 환자를 받지 않기 때문이다. 주치의가 없는 이들은 누구도 등록하길 원치 않는 구글 평점 1점짜리 의사를 찾아 시간을 낭비하거나, 예약 없이 방문할 수 있는 시간에 병원을 찾아가 대기실에서 두세 시간을 날려야 한다. 물론 그렇게 기다려서 만난 의사가 좋은 의사인지 진료를 받기 전까지는 알 수 없다.

친구는 자신의 주치의가 일하는 병원의 구글 지도 링크를 연달아 보냈다. 나는 링크를 클릭하지 않았다. 어차피 그 주치의는 새 환자를 받지 않을 것이다.

"그래도 의료보험이 잘돼 있어서 다행이야."

그의 말에 나는 고개를 끄덕거렸다. 실제로 독일의 의료보험은 한국 못지않게 세계적으로 호평받는다. 나는 두 달 동안 세 번의 수술을 했지만, 수술비를 한 푼도 내지 않았다. 한국이었다면 못해도 500만 원은 깨졌을 것이다. 물론 독일의 의료 보험비가 한국보다 훨씬 비싸다.

'결론만 두고 보면 아름답지'라는 말이 입가를 맴돌았지만 덧붙이지 않았다. 어차피 친구와 내가 선 세계는 서로 달라서 같은 지점에 닿지 않을 것이다. 나를 보는 걱정스러운 눈빛이 내가 그에게 기대하는 전부였다.

위로

"누나가 미안해."

친한 친구 큰박 씨의 남자친구인 권 씨 앞에서 속옷을 훤히 내보였을 때 할 수 있는 말은 사과밖에 없었다. 그는 웃으면서 괜찮다고 손사래를 쳤다. 나는 마치 변신하다 멈춘 트랜스포머처럼 애매한 자세로 계단 중간에 앉아 있었다. 팔에는 1킬로그램짜리 깁스, 발에는 2킬로그램짜리 보조기를 한 채. 몸 곳곳에 먼지가 들러붙었다.

집은 앞서 말했듯 엘리베이터가 없는 3층(한국식 4층)이었다. 건물에서 내려가려면 바닥에 주저앉아 엉덩이로 바닥을 쓸고 가야 했다. 옷은 벗기도 입기도 쉬운 원피스였다. 진료를 받을 때 바지를 벗을 필요가 없어서 편했지만, 계단을 내려갈 때는 자꾸 말려 올라가 민망했다. 한 칸 한 칸 내려갈 때마다 허벅지가 드러나더니 몇 칸 안 내려가 속옷이 나왔다. 엉덩이를 들고 오른손으로 치마를 내리길 몇 번 반복하다가 체력이 달려 포기했다.

친구 셋이 반 층 밑에서 나를 기다리고 있었다. 큰박 씨, 권 씨 그리고 둘과 친분이 없는 배 씨였다. 나를 정형외과에 데려가기 위해 급조한 팀이었다. 권 씨는 내가 엉덩이로 계단을 내려오면 일으켜 세워 넘어지지 않게 부축해 코너를 돌아 다음 계단에 무사히 앉히는 역할이었다. 큰박 씨는 내 가방과 서류를 들었다. 배 씨는 택시 기사를 부르고 기사가 어디까지 왔는지를 확인했다.

"어쩌라고. 이게 내 팬티다. 어쩔래."

뭐라고 한 사람도 없었는데 내 꼴이 우습고 민망해 냅다 큰소리를 냈다. 어이가 없어서 다 같이 웃었다. 몸을 흔들며 웃는 친구들의 이마에 송골송골 맺힌 땀이 반짝였다. 나는 웃으면서도 그 땀이 눈에 밟혀 자꾸만 쳐다봤다.

스스로 걷기 전까지 모든 순간이 우정의 차력쇼였다. 입원했을 때는 잦은 병문안으로 음식과 책, 꽃이 쌓였고 퇴원 후에는 정형외과, 물리치료실 통원을 돕는 친구의 발길이 끊이지 않았다. 친하지 않은 사이임에도 발 벗고 도와주는 사람도 있었다. 입장이 바뀌어 나라면 과연 이 정도로 그를 도와줄 수 있을지 되묻게 되는 관계도 있었다. 나는 그저 고마워서 어쩔 줄을 몰랐다.

몸이 약해지면 정신도 약해진다는 말을 이때쯤 체감했다. 고마움에서 끝났어야 할 마음은 힘이 빠진 정신을 통과해 미안함으로 둔갑했다. 나는 헷갈렸다. 도움받을 자격에 대한 의심이 들었고, 받은 만큼 돌려주지 못한다는 죄책감에 괴로웠다. 자꾸 상대의 표정을 살피고, 눈치를 봤다. 잘 버텨왔다고 생각했던 정신에 조금씩 틈이 생기기 시작했다.

균열은 고통을 숨기는 쪽으로 향했다. 말한다고 나아지지 않으니 안 좋은 이야기를 할 필요가 없다고 생각했다. 징징거린다고 오해받고 싶지 않았고, 무슨 일이 일어나고 있는지 설명할 엄두도 나지 않았다. 나 역시 사고가 있기 전까지는 전혀 몰랐던 세계이기에 더욱 그랬다.

병실에서 창문을 바라보며 울적해하다가도 문이 열리면 유쾌한 노래를 부르며 손님을 맞았다. 힘들지는 않냐는 염려는 실없는 농담으로 피했다. 질문의 대답은 대부분 따봉으로 대신했다. 수술은 어땠냐는 말에 따봉, 안 아프냐는 물음에 따봉, 이제 가보겠다는 인사에 따봉을 했다. 내가 할 수 있는 최대치의 배려이자, 최소한의 자기 보호였다.

―――

엄마의 베를린 여행은 2년 동안 돈을 모아 준비한 거대한 프로젝트였다. 직장까지 그만둬야 했던 엄마는 두 달간의 여유로운 여행을 계획했다. 놀러 오라 성화인 외동딸 때문이기도 했고, 휴가 없이 일한 스스로를 위한 선물이기도 했다.

여행에 동행한 백 집사님은 활발하고 말이 많은 다혈질 중년 여성이었다. 반면 엄마는 내향적이고 차분했다. 어울리는 듯 어울리지 않는 두 사람은 15년 가까이 우정을 이어왔다. 집사님과의 동행은 엄마의 일방적인 통보였지만 영어로 유창하게 의사소통하는 집사님은 영어를 못 하는 엄마에게나 종일 엄마와 있을 수 없는 나에게나 모두 반가운 존재였다.

돈을 아끼고 싶어 하는 엄마를 위해 숙소 대신 큰 방 하나가 전부인 내 집에서 셋이 지내기로 했다. 원래 애인과 사는 집인데 애인은 우리를 배려해 엄마의 여행 기간에 한국을 방문하기로 하고, 돌아와서도 따로 숙소를 잡을 계획이었다.

나는 새로운 일자리를 찾았다. 베를린의 유명 아이스크림 가게에서 수제 아이스크림을 만드는 일이었다. 아침부터 저녁까지 근무하기 때문에 엄마와 집사님과는 밤에만 만나면 되었다. 주말에는 두 분을 데리고 베를린 구경을 다닐 수 있으니 더할 나위 없었다. 계획은 자로 잰 듯 완벽했지만, 볼더링 사고가 일어났다.

"그럴 줄 알았어."

사고 소식을 들은 엄마의 반응은 의외였다.

"네가 우리를 여행 보내놓고 연락도 안 할 사람이니? 전화가 와도 몇 번은 왔을 텐데……. 분명히 무슨 일이 생겼구나 싶었어."

프라하를 여행 중이던 엄마는 낮은 목소리로 말했다. 면목도 없고 할 말도 없었다. 어차피 이미 벌어진 일이니 우선 여행을 잘 마치고 돌아오라는 나의 말에 엄마는 알았다고만 했다. 병상에서 엄마가 지낼 호텔을 예약하고, 크루즈 여행 코스를 검색했다. 기술의 발달 덕에 스마트폰만으로도 엄마를 도울 수 있음에 감사했다.

부상 첫 주를 엄마와 보내지 않아서 정말 다행이었다. 두 번의 수술로 나는 완전히 지쳤기 때문에 엄마와 마주할 기운이 없었다. 곧 마주할 엄마의 표정을 떠올리는 일만으로도 진이 빠졌다. 상상 속 엄마는 미간과 콧잔등을 잔뜩 찡그리고 윗입술을 파르르 떨고 있었다. 엄마는 정확히 같은 표정으로 퇴원한 나를 맞았다. 세상이 끝난 듯 한숨을 쉬고, 원망스러운 눈빛으로 탓할 곳을 찾았다. 그러다가 자신에게 화살을 돌려 자책하기도 했다. 딸의 몸이 아프면 엄마의 마음은 찢어진다고 말하면서.

엄마의 마음은 이해하지만, 어쨌든 실제 몸이 부서진 쪽은 나였다. 당장 통증을 느끼는 쪽도 나였다. 더구나 이미 일어난 사고를 되돌릴 수는 없는 노릇이었다. 지지나 응원이 필요하다는 내 말에 엄마는 알겠다고 말했지만, 엄마의 뇌 구조에서는 가능하지 않았다. 엄마는 자기도 모르게 또다시 한숨을 쉬고, 인상을 썼다.

새벽에 숨이 막혀 몸부림치다가 깼다. 가슴 위에 올린 팔꿈치 석고 깁스가 지독하게 무거웠다. 누워만 있는 일상에서도 문득 무게가 느껴지면 낮이고 밤이고 숨이 가빴다. 보통 숨을 한번 돌리면 금방 나아졌지만, 이번엔 달랐다. 목이 뻣뻣하게 굳고 몸이 벌벌 떨렸다. 이유를 알 수 없는 공포에 잡아먹히려는 순간 엄마가 옆에서 자고 있다는 사실을 떠올렸다.

어둠 속에서 얼핏 보이는 엄마의 얼굴은 아기 같았다. 나를 볼 때 깊게 파이던 미간 주름은 흔적도 찾을 수 없었다. 나는 손톱으로 손가락을 긁으며 정신을 차렸다. 오른손으로는 왼쪽 가슴팍을 토닥였다. 조금씩 정신이 돌아왔다. 쌕쌕, 엄마의 숨소리가 어두운 천장에 가득했다. 한참 동안 눈물이 관자놀이를 타고 주룩주룩 흘러내렸다.

―――

하루는 베를린에서 만난 지인 무리가 집으로 병문안을 왔다. 아주 친한 사이는 아니었지만, 먼 사이도 아니었다. 가끔 커플 모임으로 서로의 집에서 저녁 식사를 하곤 했다. 두 손 가득 먹을거리, 읽을거리를 챙겨온 방문에 또 미안한 마음이 들었다. 서둘러 배달앱을 켜서 초밥을 넉넉히 시켰다.

"어디서 먹을까요?"

나는 방과 주방을 번갈아 쳐다봤다. 주방으로 가는 길목에는 두 개의 문턱이 있었다. 오른쪽 팔과 발만 쓸 수 있는 나에게 문턱은 높은 담이나 마찬가지였다. 아무리 목발을 짚었다고 해도 깁스를 해 굽은 왼팔로 목발을 잡을 수 없으니 더 그랬다. 애를 쓰면 넘을 수는 있지만 힘이 들고 위험했다. 팔꿈치 수술 후 얼마 되지 않은 시기라 더욱 조심하고 있었다. 화장실 갈 때가 아니면 애초에 방을 나서지 않았다.

"주방에서 먹으면 어때요?"

다른 지인이 제안했다. 모두 좋다고 했다. 나는 방에서 먹자고 말할 참이었다. 분명히 그랬다. 그런데 순간 입보다 손이 먼저 움직였다. 따봉이었다.

주방까지 가는 길은 아슬아슬했다. 복도가 좁아서 다들 먼저 주방에 가 계시라 하고 혼자 가는 편이 나았다. 하지만 분위기에 휩쓸려 말하지 못했다. 내 앞뒤로 사람이 있었다. 뒤에 있던 지인은 내가 넘어질까 봐 살짝 손으로 받쳐주었다. 좋지 않은 선택이었다. 목발을 짚을 때 몸을 건들면 균형이 무너진다. 잠시 멈춰서 혼자 걷겠다고 할까 고민했다. 고민을 마치지 못하고 다음 발을 디딜 때 주방 문턱에 걸려 넘어졌다.

땅바닥에 제일 먼저 닿은 곳은 팔꿈치 중에서도 수술 부위였다. 쿵, 소리가 나고 목발이 바닥에 나가떨어졌다. 곧바로 팔꿈치가 부풀어 오르는 익숙한 느낌이 들었다. 나를 둘러싼 모두가 허둥지둥했다. 당장 병원에 가야 한다고 했다. 바로 종합병원 리셉션에 전화해서 상황을 설명했다. 접수원은 어차피 지금 종합병원에 와도 해줄 수 있는 게 없으니, 상황을 살펴보고 다음 정형외과 예약 때 얘기하라고 했다. 나는 알았다고 했다.

초밥이 완전히 식고 나서야 식사를 시작했다. 아무 일도 없었다는 듯 수다를 떨었다. 웃고 떠드는 와중에도 상처 부위가 내내 욱신거렸다. 모두 집으로 돌아가고 혼자 남아 허벅지를 꼬집었다. 넘어지지 않을 수 있었을 수많은 가능성이 머릿속에서 떠나질 않았다. 꽤 오랫동안 이때를 생각하면 속이 안 좋았다.

―――

내가 기억하는 엄마의 몸은 언제나 근육질이었다. 엄마는 집안일을 하다가 뜬금없이 팔에 힘을 주며 만져보라고 자세를 잡았는데, 그러면 달걀같이 동그란 엄마의 알통이 톡 튀어나왔다. 나는 엄마의 알통을 콕콕 찔러봤다. 신기할 정도로 단단했다. 그러고 뒤돌아서 내 팔을 만졌다. 유전자가 무색하게 내 팔은 말랑말랑하기만 했다.

엄마는 이사를 하거나 방 구조를 바꿀 때 혼자서 가뿐하게 가구를 옮겼다. 소파, 침대, 옷장……. 크기나 무게에 상관없이 뚝딱뚝딱 들고 옮겼다. 내가 돕겠다고 다가가면 엄마는 다친다며 가만있으라고 엄포를 놓았다. 꿈쩍 안 하는 뚜껑이나 뜯기 어려운 상자는 모두 엄마 차지였다. 엄마도 나도 엄마의 강한 면을 좋아했다. 나는 커서 엄마처럼 되고 싶다고 생각했다.

엄마의 근육이 줄고 내 근육이 늘면서 힘겨루기가 시작됐다. 돕고 싶은 딸과 도움을 원하지 않는 엄마의 경합이었다. 우린 평행선처럼 닿지 않았다. 엄마는 여전히 내가 몸을 쓰려고 하면 화를 냈고, 당신이 움직이길 자처했다. 나는 씩씩거리면서 엄마를 막아서고, 우린 서로 온갖 소리를 해가며 부닥쳤다. 서로 돕겠다는 좋은 마음은 답답한 가슴을 퍽퍽 치는 갈등으로 끝났다.

그러니 베를린에 도착한 첫날 길바닥에서 캐리어를 두고 거하게 싸운 일이 놀랍지는 않았다. 한 개에 15킬로그램도 되지 않는 캐리어를 양쪽에 들었다는 이유로 엄마는 길거리에서 캐리어를 붙잡고 늘어졌다. 괜찮다고 아무리 말해도 그대로는 못 가게 가방을 잡아버리니 속이 뒤집힐 지경이었다.

"엄마, 내가 한국 들어갈 때 드는 가방 하나만 해도 24킬로야. 이 가방은 진짜 무겁지 않다고."

"너는 왜 항상 몸을 막 쓰니? 그러다 허리 다친다고!"

엄마는 냅다 소리를 질렀다. 창문 너머로 우릴 구경하는 사람들이 보였다. 독일에서는 소리를 지르며 싸우는 경우가 드물다. 나는 경찰이 올까 두려워 엄마에게 제발 조용히 해달라고 부탁했다. 엄마는 그러거나 말거나 소리를 지르면서 가방을 놓으라고 흔들었다. 나는 결국 두 손 두 발 다 들었다. 엄마는 보란 듯이 캐리어를 들더니 비틀거리며 내 앞을 갈지자로 걸었다.

사고 이후에도 힘겨루기는 계속됐다. 나는 두 발로 설 수도 없는 상태였지만 스스로 할 수 있는 일을 끊임없이 찾았다. 이를테면 바퀴 달린 의자를 타고 창가로 가 혼자 힘으로 창문을 연다거나 위태롭게 주방으로 가 모카포트로 커피를 뽑아 마시는 일 같은 것이었다. 나의 쓸모를 확인하기 위해서는 무엇이든 좋았다.

무엇보다 정말 간절하게 혼자 화장실에 가고 싶었다. 목발을 짚고 뒤뚱뒤뚱 화장실에 가서 문을 닫고, 변기 앞에서 바지를 내리면 엄마가 벌컥 문을 열었다. 그러면 나는 팬티와 바지를 발목에 걸치고 반나체로 서서 엄마에게 문 좀 닫아달라고 짜증을 냈다. 엄마는 넘어질 수 있으니 절대 그럴 수 없다고 하고는 문 앞에 서서 나를 쳐다봤다. 용변을 마치자마자 바지를 추켜주겠다며 다가오는 엄마를 볼 때는 정말 뒷목이 뻣뻣해져 기절할 수도 있겠다 싶었다.

샤워도 마찬가지였다. 하필이면 엄마의 직업은 장애인활동지원사였다. 엄마는 내가 닫은 문을 마음대로 열고 성큼성큼 다가와 능숙하게 옷을 벗겼다. 그리고 항상 같은 문구를 중얼거렸다.

"옷을 입을 때는 아픈 쪽 먼저, 벗을 때는 아픈 쪽을 나중에."

나는 격렬하게 저항했다. 있는 대로 짜증을 부렸다. 일부러 아픈 쪽을 나중에 입고, 아픈 쪽을 먼저 벗었다. 멍청하고 불편한 반항이었다.

모든 공간을 침해당할 위기에 맞서 나는 필사적으로 괜찮은 척하기 시작했다. 힘겨루기의 마지노선은 '척'이었다. 매일 아침 눈을 뜰 때마다 어제보다 훨씬 나아진 척했다. 엄마는 딱히 내 말을 믿지 않았다. 그것보단 믿고 싶지 않아 했다. 그저 나를 딱하게 바라보기만 했다. 나는 악착같이 괜찮은 척을 하고, 엄마는 필사적으로 외면하는 우스꽝스러운 싸움이었다.

나의 괜찮은 척은 일하던 곳에서 해고 통보를 받은 날 정점에 이르렀다. 수습 기간이지만 해고가 아닌 휴직으로 처리할 거라던 회사는 어느 날 아무런 언질 없이 해고 통보 편지를 보냈다. 길 가다 뺨을 맞은 기분이었다. 회사와 묶여 있는 의료보험을 생각하니 정신이 아득해졌다. 편지를 읽는 내 얼굴을 보던 엄마는 무슨 일이냐고 물었다. 나는 웃으며 별일 아니라고, 아무 문제 없다고 말했다. 손이 들썩일 정도로 덜덜 떨렸지만 이불 속에 숨겼다.

퇴원할 즈음 유행했던 밈이 있다. 프란츠 카프카의 소설 〈변신〉에서 시작된 것으로, "내가 바퀴벌레가 되면 어떻게 할 거야?"라고 부모님에게 묻는 일종의 질문 놀이였다. "사랑해 줘야지"부터 "밟아 죽인다", "왜 바퀴벌레가 돼?" 등 각양각색의 답변으로 화제였다. 나는 질문을 듣자마자 바퀴벌레가 되어 지긋지긋한 침대에서 탈출하는 상상을 했다. 엄마에게 묻는 과정은 생략이었다.

퇴원 후 첫 주에는 침대에 누워 꼼짝없이 엄마의 일방적인 돌봄을 받았다. 엄마는 24시간 내내 켜 있는 센서 같았다. 헛기침만 해도 물을 가져다주고, 코를 훌쩍이면 휴지를 줬다. 필요하지 않은 도움은 받는 사람에게는 통제와 같은 의미였다. 침대에서 올려다본 엄마의 얼굴에 영화 〈미저리〉 속 캐시 베이츠가 겹쳐 보였다.

친구 황 씨가 구원의 손길을 내밀었다. 병상에 있는 나 대신 엄마와 집사님에게 베를린 가이드를 해주겠다고 한 것이다. 몸만 성했다면 땅에 납작하게 엎드려 감사의 절을 하고 싶었다. 두 분이 마음 편히 관광할 수 있다는 사실도 물론 기뻤지만, 비로소 집에 혼자 남을 수 있다는 점이 나를 더 들뜨게 했다.

마침내 혼자가 됐을 때 가장 먼저 한 일은 스마트폰의 전화번호부 열람이었다. 사람 목소리가 간절했다. 첫 번째로 떠오른 사람은 애인. 들떠서 한국 시간을 확인하니 통화하기엔 이미 늦은 듯했다. 처음 전화를 건 원 씨는 근무 시간이라 받지 않았다. 다음으로 떠오른 사람은 김 씨였다.

베를린의 첫 직장에서 만난 김 씨는 미니잡 알바생이었고, 나는 매니저였다. 왜소한 체격임에도 25킬로그램짜리 양배추 망을 들고 묵묵히 창고를 오르락내리락하는 그는 참을

성으로는 누구에게도 밀리지 않는 성실한 사람이었다. 금방 대학원에 입학해서 일을 그만뒀지만 우린 좋은 친구로 남았다. 그는 석사를 졸업하고는 몇 개월 동안 일자리를 찾다가 이름난 회사에 입사했다.

"여보세요?"

몇 번의 신호음이 울리고 김 씨의 목소리가 들렸다. 수화기 너머로 타인의 목소리가 들리자마자 목 안에서 울음이 터져 나왔다. 사고가 난 후 누군가 앞에서 처음 흘리는 눈물이었다. 나는 엉엉 울면서도 우는 내가 당황스러웠다.

"언니, 언니……."

김 씨는 의외로 놀라지 않았다. 그저 덩달아 울먹이며 '언니'라고만 말할 뿐이었다.

"나 (엉엉) 너무 (엉엉) 힘들었어. (엉엉)"

나는 흐느끼며 말했다.

"엄청 (엉엉) 힘들었는데 (엉엉) 아무한테도 (엉엉) 말 못했어. (엉엉)! 친구한테도 (엉엉) 엄마한테도 (엉엉) 괜찮은 척했어. (엉엉)"

김 씨도 울음을 터뜨렸다.

"언니, (엉엉) 뭔지 알 것도 같아. (엉엉) 나도 (엉엉) 취업 준비할 때 (엉엉) 아무한테도 (엉엉) 말 못 했어. (엉엉) 너무 힘들었는데 (엉엉) 가족이 어떻게 지내냐고 화상통화하면 (엉엉) 혼자 울다가 전화 받고 괜찮은 척했어. (엉엉) 나도 힘들었어. (엉엉)"

"너무 힘들었겠다. (엉엉) 어떻게 버텼어. (엉엉) 말도 안 하고. (엉엉)"

"언니도 너무 힘들었겠다. (엉엉) 지금도 힘들겠다. (엉엉)"

눈물바다였던 통화 이후 나는 속에서 커다란 고철덩이를 꺼낸 듯 가벼워졌다. 혼자 남은 집에서 유튜브를 보며 깔깔 웃다가, 게임도 하고, 영화를 보기도 했다. 얼마 후 외출에서 돌아온 엄마는 집에만 있을 때와 다른 환한 표정이었다. 물론 나도 못지않게 환한 표정으로 엄마를 맞았다.

―――

하루는 엄마가 집을 비운 사이 집사님이 슬며시 내 앞에 와 앉았다. 나를 툭툭 치더니 조심스럽게 말을 걸었다. 평소의 거침 없는 태도와는 달랐다.

"성진아."

"네?"

"네 엄마 많이 약해졌다. 알아?"

엄마의 류머티즘 관절염 얘기였다. 첫 진단은 7년 전이었지만 엄마는 나에게 소식을 전하지 않았다. 한참 지나고 나서야 할머니 입을 통해 들었다. 당연하게도 엄마는 증상에 대해서 나에게 말해준 적 없었다. 나는 대답할 게 없었다.

"엄마 원래 엄청나게 건강했잖아. 체력도 좋고 운동도 잘하고. 근데 요즘 잘 지치고 그래."

"그런 것 같아요."

"관절염 앓고 나서는 티는 안 내는데 우울하고 힘들어하는 거 같아."

"……."

"너도 아프고 예민한 거 아는데 그냥 엄마가 전하고는 다르다고 말하고 싶었어."

"네."

집사님은 자리를 떴다.

얼마 전 황 씨에 이어서 엄마와의 베를린 근교 여행을 자처했던 친구 정 씨의 질문이 떠올랐다.

"어머니가 원래 그렇게 안 좋으셨어?"

나는 대답하지 못하고 멍청한 표정을 지었다. 엄마의 상태에 대해 아는 바가 없었다. 정 씨는 나에게 엄마와 나눈 얘기를 전했다. 엄마는 할 수 있는 일이 서서히 줄었다고 했다. 좋아하는 자전거를 탈 수 없게 되었고, 지쳐서 누워 있는 날이 늘었다고 했다. 베를린 공원에 가서도 돗자리에 앉기 힘들어했다고 했다. 바닥에 앉았다가 혼자 일어설 수 없어서였다.

집사님과 정 씨의 말, 요즘 겪은 일 같은 것들이 컴퓨터 조각모음 이미지처럼 머릿속에서 새롭게 조립됐다. 맞춰진 이미지는 몰랐던 엄마의 모습이었다. 가상의 거울이 엄마와 나 사이에 놓였다. 쓰임을 증명하고 싶어 발버둥 치던 내 자리에 엄마가 놓여 있었다. 엄마는 힘겨루기를 하는 게 아니었다. 엄마는 투병 중이었다.

그날 밤 엄마와 나는 나란히 누웠다. 불을 끄니 아득한 천장이 검게 물들었다. 팔에 닿는 엄마의 팔뚝이 물렁하고 흐물거렸다.

"엄마."

"응?"

"나 요즘 엄청 힘들어. 몸도 많이 아파. 내가 다쳐서 미안해."

"뭘 미안해."

"엄마가 옆에 있어서 다행이야. 엄마 아니었으면 내가 얼마나 힘들었을까?"

"그래?"

어두웠지만 목소리에서 엄마가 웃고 있는 게 느껴졌다.

"나 직장에서 해고 통보를 받았어. 근데 걱정하진 마. 이겨낼 수 있어. 항상 나는 이겨내왔어. 날 믿어줘."

"그래. 힘들면 엄마한테 말해. 엄마가 도와줄게."

"응. 꼭 말할게."

"자자."

나는 엄마 쪽으로 고개를 기대고 잠들었다.

다음 날 아침도 어김없이 샤워하러 욕실에 갔다. 엄마는 언제나처럼 옷을 벗겨주기 위해 나를 따라 들어왔다. 나는 옷깃을 잡기 쉽도록 팔을 내밀고 몸을 잔뜩 구부린 채로 엄마에게 말했다.

"입을 때는 아픈 쪽 먼저, 벗을 때는 아픈 쪽을 나중에."

✶

관계

딕싯Dixit이라는 보드게임을 하고 있었다. 무작위로 그림이 그려진 카드를 가지고 하는 게임인데, 플레이어는 주제어에 맞는 카드를 내서 최대한 많은 사람의 선택을 받으면 된다. 이번 판 주제어는 '전성진'이었다.

"삼…… 이…… 일!"

구호와 함께 여섯 장의 카드가 책상 위에 놓였다. 눈을 굴려 카드를 확인하던 시선들이 한곳에 멈췄다. 고양이 의사가 반죽음된 쥐를 치료하는 그림이었다. 〈프랑켄슈타인〉이나 〈록키 호러 픽쳐쇼〉에서 영감받은 듯했다.

"야! 카드에 귀신 들렸나 봐! 어떻게 이 그림이 나와?"

한 친구는 하도 웃어서 배가 아프다며 그만하라고 했고, 다른 친구는 바닥에 주저앉아 테이블 다리를 잡고 낄낄거렸다. 한참 웃던 엄마는 짜고 치는 게임 아니냐며 카드를 들었다 놨다 했다. 나 역시 머리가 아플 정도로 웃었다.

　　며칠 후 한국으로 돌아가는 엄마의 송별회 겸 생일파티였다. 사람 일곱 명, 강아지 두 마리가 참석했다. 서로 모르는 사이도 섞여 있는 다소 뜬금없는 조합이었다. 잔칫날답게 푸짐한 생일상도 차려 먹고, 큰박 씨가 준비한 티라미수 케이크에 초를 꽂아 생일 축하 노래도 불렀다.

　　"최고의 베를린 여행이야."

　　촛불을 끄고 소원을 빈 엄마가 말했다.

　　"진짜야. 후회 없이 즐긴 여행이었어. 성진이가 다치지 않았으면 성진이 친구들하고 만나지 못했을 거야."

　　애인은 엄마에게 깜짝 선물과 모두의 손 글씨가 담긴 엽서를 건넸다. 엽서를 읽은 엄마는 다시 한번 이보다 더 좋은 베를린 여행은 있을 수 없다고 말했다. 옆에서 잠자코 있던 나에게도 불똥이 튀었다. 팔과 다리에 보조기를 뺀 기념으로 한마디하라나 뭐라나. 모두가 나를 바라보고 있었고, 나 역시 모두를 바라보고 있었다.

"나를 돌보느라 고생 많이 했죠? 미안합니다."

"괜찮아, 괜찮아" 하며 손뼉 치는 친구가 있어 조용히 하라는 의미로 입술에 검지를 가져다 댔다.

"근데 외동이라 그런가? 내가 외동이라 보살핌받는 일이 자꾸 생기나?"

머쓱해서 괜한 소리를 했다.

"언니가 그동안 잘했으니까 다 언니 주변에 있는 거지."

"내가 뭘 잘했는데?"

"음……."

잠시 정적이 흘렀다. 이명이 들린다고 해도 믿을 만큼 조용한 침묵이었다. 이내 동시다발적으로 웃음이 터졌다.

"솔직히 나라면 나랑 친구 안 해."

장난이라고 생각할 수도 있지만 진심이었다. 친구에게 받은 만큼 돌려준 적이 있느냐고 누가 내게 물으면 뭐라 할 말이 없다. 친할수록 더 그렇다. 나는 과분하게 받는 쪽이다. 이 글은 나랑 왜 친구를 하는지 모르겠는 친구를 향한 고해성사라고 해도 되겠다.

황 씨는 엄마와 집사님을 위해 베를린 도심 투어 가이드를 해주겠다고 처음으로 제안한 친구다. 엄마와 집사님은 황 씨와의 투어 이후 한동안 그에 대한 칭찬에 여념 없었다. 인상을 쓰다가도 황 씨 얘기만 하면 표정이 밝아지는 엄마를 보며 기분이 묘하긴 했지만, 황 씨에게 고마운 마음에 비하면 쌀알보다 작은 잡념이었다.

첫 만남은 레스토랑에서 일할 때였다. 갓 매니저를 달았을 때 별안간 사장이 찾아와 같이 면접을 보자고 했다. 홀에는 새하얀 얼굴의 황 씨가 앉아 있었다. 단정한 복장은 꼭 한국 회사 면접을 보러 온 사람 같았다. 그는 한국 대기업에서 매니저로 일하다가 베를린에 오게 됐다고 자신을 소개했다.

면접 중 황 씨는 종종 입과 손을 떨었다. 레스토랑 면접에 긴장하는 사람이 있다니 신기했다. 주방에서 일할 때도 긴장하는 게 느껴졌다. 바쁜 저녁 시간에 실수하면 여지없이 손을 떨었다. 가끔 황 씨는 세게 쥐어서 바들바들 떨리는 주먹 같았다. 또래였던 우리는 함께 일하면서 자연스럽게 친해졌다. 황 씨는 내가 아는 이 중 가장 한식을 사랑하는 사람이었다. 쉬는 날이면 함께 집밥을 한 상 가득 요리해 나눠 먹었다.

내가 남을 웃기려고 애쓰는 사람이라면 황 씨는 의도하지 않은 몸짓과 표정으로 모두를 자지러지게 하는 사람이었다. 나는 황 씨의 움직임을 따라 해보려고 했지만, 영 느낌이 안 났다. 또한 내가 타인의 나쁜 점을 찾는 데 도가 텄다면, 황 씨는 선한 의도를 찾고 싶어 하는 쪽이었다. 남을 험담하며 스트레스를 좀 풀어보려고 하면 먼저 입을 다무는 쪽도 황 씨였다. 되레 내가 욕하는 사람의 입장을 대변해서 화를 돋우기도 했다. 반대로 내가 감정이 상하면 괜한 칭찬을 해 기분을 풀어주려고 하기도 했다.

파트타이머로 일하던 황 씨가 갑자기 승진했다. 이전 매니저 경력을 살려서 우리가 일하는 레스토랑 본사의 풀타임 사무직을 맡게 된 거였다. 비자 문제로 그만두면서 사장에게 건넨 경영 전략 아이디어 PPT가 전환점이었다. 사장은 그 자리에서 황 씨를 풀타임 직원으로 고용했다. 소식을 들은 나는 왠지 서운했다. 나에게 미리 알려주지 않았다는 점에서도 그랬고 내가 가르치는 교육생이던 그에게 이제는 잔소리를 들어야 하는 처지가 되었다는 유치한 생각이 들기도 했다.

황 씨의 업무는 쉽게 말해 회사의 악역이었다. 매출과 인

건비 비율을 계산해 매니저를 압박하고, 메뉴얼을 만들어 현장에서 지키도록 교육했다. 황 씨는 가끔 매장에 방문하기도 했는데 그때마다 신경이 곤두섰다. 황 씨의 떨림이 전보다 더 강하게 느껴진 시기도 그쯤이었다.

그러다 사건이 생겼다. 내 생일파티에 온 황 씨가 생일 선물 대신 식사 대접을 하겠다고 약속한 게 발단이었다. 함께 가고 싶은 레스토랑이 있다던 그는 몇 달 동안 조만간 가자는 말만 반복했다. 반년이 지나고는 그 말조차 하지 않았다. 식사에 대해 완전히 잊고 있다가 다음 생일파티를 준비하던 중 약속이 떠올랐다.

"밥 언제 살 거야?"

왠지 얄미운 마음에 말이 퉁명스럽게 나갔다. 황 씨는 당황하기는커녕 오히려 인상을 찌푸렸다.

"안 그래도 가고 싶은 곳이랑 동선도 다 생각해놨는데 왜 그래요?"

당당한 소리에 나는 더 열이 올랐다.

"근래에는 가자고 말한 적도 없으면서 무슨 동선을 생각해놔."

"이제 잡으려고 했다니까요?"

"야, 3개월 후면 다음 생일 돌아오거든?"

"시간이 없으면 좀 늦게 갈 수도 있죠. 까먹은 것도 아닌데."

"됐어. 사지 마. 말로만 산다고 하냐? 안 먹어."

이 대화를 끝으로 우린 몇 달 동안이나 서먹하게 지냈다. 어떻게 화해했는지 기억나지 않을 정도로 오래된 일이지만 베를린 도심 투어 얘기를 듣고 이 일이 먼저 떠올랐다.

오랜만에 복기한 그때 상황은 과거의 내 생각과는 달랐다. 옹졸했던 건 나일지 몰랐다. 나에게 레스토랑 일은 큰 의미가 없었지만, 요식업 경영에 관심이 많던 황 씨에게는 중요한 경력이었다. 특히 내가 일하던 회사는 한식 프랜차이즈로 유럽에서 규모를 키우고 있었기에 더욱 그랬다.

사무직으로 승진한 황 씨는 자주 야근했다. 퇴근 후에도 집에서 따로 자료를 만들기도 하고, 자발적으로 시간을 내 매장을 둘러보기도 했다. 매니저를 압박했지만 동시에 직원의 고충을 경영진에게 전달하기도 했다. 돌아보면 매장 직원도, 경영진도 황 씨에게는 관심이 없었다. 원하는 얘기만 할 뿐이었다. 그렇다고 생색내는 건 황 씨 스타일이 아니었다. 누군가 고독한 황 씨 쪽에 서야 한다면 일터에서나 사적으로나 가까웠던 나였어야 했다.

좀더 가볍게는 황 씨와 작은박 씨가 함께 얽힌 일화도 있다. 작은박 씨는 황 씨와 마찬가지로 직장 동료로 만나 친구가 된 사이였다. 병원에 입원했을 때 순순이를 돌봐주고, 엄마를 데리고 베를린 퀴어 퍼레이드인 CSD Christopher Street Day 투어를 해준 친구였다. 얼굴에 반짝이를 붙이고 무지개 깃발 사이를 걷는 엄마의 사진을 찍어준 사람이기도 했다.

황 씨의 이사를 돕기 위해 작은박 씨, 나 그리고 애인이 모였다. 우린 함께 이케아 가구를 조립했다. 나와 애인은 옷장을, 황 씨와 작은박 씨는 확장형 침대를 맡았다. 레즈비언이 가구 조립을 잘한다는 고정관념에 말을 보태고 싶지는 않지만 나와 애인이 도가 튼 것은 사실이었다. 우리는 30분 만에 일을 마치고 쓰레기까지 내다 버렸다. 황 씨와 작은박 씨는 여전히 작업 중이었다. 아니, 고생 중이었다.

시작은 정말 좋은 마음이었다. 나는 천천히 황 씨와 작은박 씨 주변을 맴돌며 말을 보탰다. 잘못된 나사를 집었다거나, 부품이 틀렸다는 식이었다. 서너 번까지는 고개를 끄덕이던 두 사람이 다섯 번이 넘어가면서 말이 없어졌다. 두 손으로 세야 할 정도로 잔소리가 쌓이자, 방 안의 공기가 무거워졌다.

"언니, 알았으니까 좀 가 있어요."

황 씨가 이를 악물기 시작했다. 나는 사과를 하고, 지켜보기만 하겠다며 두 사람 옆에 뒷짐을 지고 섰다(이때 거실로 나갔어야 했다).

"박 씨야. 110630 나사 좀 줄래?"

오기가 오른 황 씨는 보란 듯이 설명서에 적힌 나사 번호를 또박또박 부르며 작은박 씨에게 말했다. 작은박 씨는 '110630, 110630……' 속삭이며 나사 무덤을 뒤적거렸다. 웃음이 터질 뻔했다. 황 씨가 나를 노려봤다.

"왜 웃어요?"

"나 안 웃었어!"

"거의 웃었잖아요."

"아니, 좀 웃기잖아."

"뭐가 웃기냐고요."

"부품 번호를 말하면 작은 박씨가 어떻게 알아? 110630이 뭔지 모르지. 작은 나사 달라거나 모양으로 설명해주거나. 그리고 조립 전에 먼저 나사랑 부품을 분류해둬야 해. 그럼 설명서 그림만 보고 착착 맞출 수 있어."

나름 친절하게 설명했다고 생각했는데 두 사람의 얼굴에는 짜증을 넘어 분노가 서렸다.

"언니. 됐으니까 좀 나가요."

말이 없는 편인 작은박 씨가 낮은 목소리로 말했다. 나도 슬슬 고집이 올라오기 시작했다. 도와주려고 왔더니 불청객 취급이나 당하고 있다니.

"알았다고. 이제 진짜 보고만 있을게. 말 안 할게."

"말하기만 해요."

작은박 씨의 경고는 꽤 묵직했다. 그저 놀리고만 싶은 황 씨에 비해 카리스마가 있는 작은박 씨였기에 나는 꽤 오랫동안 입을 다물고 있었다. 바닥 판 위치를 뒤집은 채 조립하고 있다는 사실을 알아채기 전까지는 말이다. 눈으로 여러 번 설명서와 가구를 확인했다. 둘은 분명히 가구를 반대로 조립하고 있다. 지금 말하면 금방 바로 잡을 수 있었다.

나는 거실에 있는 애인에게 달려갔다.

"쟤네 침대 지금 뒤집혔어. 나사 빼고 다시 조립해야 해."

갈등에 끼기 싫어하는 평화주의자 애인은 난처한 표정이었다.

"애들이 하게 좀 두면 안 돼?"

"아니, 근데 그럼 나중에 다 빼고 다시 조립해야 하잖아. 잘못 낀 지 얼마 안 됐어."

"하아······."

나는 애인을 끌고 방으로 들어갔다. 그리고 눈짓으로 설명서를 가리켰다. 그는 안 내키는 표정으로 설명서를 확인했다. 그리고 금방 잘못된 부분을 발견했는지 착잡한 표정을 지었다. 그러고는 '말 안 하면 안 돼?' 하는 눈빛으로 나를 바라봤다. 나는 '안 돼. 말해야 해'라는 뜻으로 고개를 가로저었다.

"근데 내가 뭐 하나 말하면 화낼 거야?"

입을 열고야 마는 내 모습을 보고 애인은 짧은 한숨과 함께 방을 빠져나갔다. 나는 그러거나 말거나 말을 이었다.

"밑판 뒤집혔어!"

흠칫 놀란 황 씨는 설명서를 뒤적였다. 황 씨는 도면이 헷갈리는지 조립한 부품에 설명서를 직접 이리저리 대보았다.

"황 씨야. 봐봐. 왼쪽 나무가 길잖아. 그니까 눕힌 채로 보고 오른쪽에 쇠봉을 달아야지."

"제가 지금 보고 있잖아요."

"한 번만 이렇게 대봐. 이쪽으로 눕혀서 보면 된다니까?"

밖에서 대화를 듣던 애인이 다급하게 방으로 돌아왔다.

그러고는 내 옆으로 와서 옆구리를 꼬집었다. 적당히 하라는 뜻이다. 나는 팔꿈치로 애인을 밀어냈다.

"언니 때문에 더 헷갈려요. 천천히 우리 속도대로 하고 있다고요."

"근데 잘못된 방식으로 천천히 하고 있다니까? 그럼 간 만큼 다시 돌아와야 해. 한 번만 이쪽 풀어봐. 보여줄게."

"우리가 알아서 하겠다는데 왜 언니가 난리예요?"

결국 황 씨가 폭발했다. 작은박 씨는 앉은자리에서 고개를 절레절레하고 있었다. 억울해하며 왜 방향이 틀렸는지를 마저 설명하려고 하는데 애인이 나를 거실로 끌고 나갔다. 나는 나가면서도 설명서를 잘 보라고 외쳤다. 두 사람은 미동도 없었다.

결국 조립이 끝났다. 좀 오래 걸리긴 했어도 완성한 가구의 모습은 흠잡을 데 없었다. 황 씨가 사기로 한 중식당에 가는 길에 어색한 정적이 흘렀다. 식당에 도착한 후 항상 먹는 메뉴가 식탁에 깔리고 나서야 분위기가 조금 풀렸다. 집으로 돌아오는 길에야 모두 전처럼 다시 웃었다. 이 정도는 밥 한 끼에 넘어갈 수 있는 정도로 친한 사이라 천만다행이었다.

권 씨, 배 씨, 애인과 함께 나를 정형외과와 종합병원에 데려다줬던 큰박 씨하고도 5년 전쯤 일이 있었다. 큰박 씨에게서 할 말이 있다는 카카오톡 메시지가 오자 나는 제자리에서 펄쩍 뛰었다. 발신자가 큰박 씨라 그랬다. 친한 무리 안에서 큰박 씨는 차가운 여자라고 불리곤(놀림받곤) 했다. 혼자 있기 좋아하고 다른 사람에게 좀처럼 기대는 일이 없기에 그랬다. 워낙 쿨한 체(실제로 쿨하지만 인정하고 싶지 않다)하기도 했다. 그런 큰박 씨가 할 말이 있다니 분명 큰일 났다는 신호였다.

큰박 씨에게 달려가면서도 궁금해서 혼이 났다. 집 문을 나서면서 '왜 그러는데?', 대중교통에서 '무슨 일인데?', 길을 걸으면서 '미리 말해줘!', 횡단보도를 건너면서 '빨리, 빨리, 빨리!' 하고 졸랐다. 메시지 폭탄에 큰박 씨는 백기를 들었다.

— 큰박 씨: 만나는 사람 생겼어요.

"대박!" 육성으로 외쳤다. 나는 큰박 씨가 연애할 날을 손꼽아 기다렸다. 어린 나이인데 연애 공백기가 연 단위로 늘어나 빨리 연애하라고 농담 반 진담 반으로 오지랖을 부리기도 했다. 달려간 슈페티Späti(베를린식 편의점으로 밤늦게까지 스낵과 음료, 주류를 판다)에서 큰박 씨가 나를 기다리고 있었다.

"누군데? 누군데? 누군데?"

인사 없이 큰박 씨의 어깨를 붙잡고 외쳤다. 큰박 씨는 쑥스러운 듯 웃었다. 막상 부끄러워하는 큰박 씨의 얼굴을 마주하니 좀 징그러웠다. 나는 '으' 하고는 닭살이 돋은 몸을 떨었다.

"언니도 아는 사람이에요."

"누군데? 빨리, 빨리! 빠아아아알리!"

영 반응이 어정쩡했다. 말을 돌리고, 망설이는 듯한 표정도 슬쩍슬쩍 나왔다. 내가 아는 큰박 씨라면 등쌀에 못 이기는 척 새 애인 자랑했을 터였다.

"왜 말 못 해?"

"이제 말할 거예요."

"뻴리 말해줘! 빨리."

잔뜩 시간을 끌던 큰박 씨의 입이 열렸다. 거기서 나온 이름은 이 씨였다. 나와 사이가 좋지 않은 지인이었다. 들떴던 마음이 차분하게 가라앉았다. 큰박 씨도 힐끔 내 눈치를 봤다. 한숨을 한 서른 번쯤 쉬었을 때야 제대로 된 말이 나왔다.

"어쩔 수 없지. 잘 만나."

우거지상으로 말하긴 했지만 진심이었다. 큰박 씨가 좋다고 하는데 내가 할 수 있는 일은 없었다. 큰마음 먹고 이 씨와 술도 한잔하기로 약속했다. 큰박 씨도 못 하던 말을 해서 홀가분한 듯했다. 여러모로 분위기가 좋은 날이었다.

하지만 이야기는 의외의 전개를 맞았다. 우선 큰박 씨, 큰박 씨의 애인, 나와 겹쳐서 아는 독일인 지인이 있었는데 그를 통해 말이 와전되어(라고 쓰고 이간질이라고 읽는다) 이 씨와 내가 더 틀어지는 일이 생겼다. 큰박 씨는 중간에서 조율하다 지쳐버렸다. 나는 적극적으로 나서지 않는 큰박 씨에게 크게 실망했다.

그날부터 밤에 잠이 오지 않기 시작했다. 나와 비슷하게 이 씨에게 억하심정이 있는 작은박 씨와 분을 쏟는 날이 많았다. 큰박 씨 앞에서 일부러 작은박 씨와 하하호호 어울리며 속을 뒤집기도 했다. 황 씨를 붙잡고 하소연하기도 해봤다. 황 씨는 얘기를 듣고는 팔짱을 꼈다.

"근데 언니, 큰박 씨 나이 때는 이런저런 사람 만나보는 거죠. 언니는 어릴 때 안 그랬어요?"

"아니? 안 그랬어! 나는 그때 모태 솔로였거든?"

아무 말이나 내뱉고 "왁!" 하고 소리를 지르고 우기기 시작했다. 이십대 중반에 첫 연애를 했으니 틀린 말은 아니었다. 큰박 씨는 나보다 일곱 살 어린 이십대 초반이었다. 황 씨에게 왜 편을 들어주지 않냐며 성질내고 다시 작은박 씨를 찾아가 울분을 토했다. 작은박 씨와 꿍짝이 맞아 얼마나 다행인지 몰랐다.

결국 큰박 씨와 갈등이 깊어져 대화가 끊겼다. 일터에서 마주쳐도 찬바람만 불었다. 몇 개월이 지나고 참다못한 친구들이 다리를 놨다. 서먹서먹하게 여러 명이 같이 어울리다가, 점점 마음이 풀려 전처럼 둘이 놀기도 했다. 다만 이 씨 얘기만은 하지 않았다. 큰박 씨의 연애는 우리 둘 사이의 지뢰 지대였다. 피해 다녀야 했다.

큰박 씨가 이 씨와 헤어지고 나서야 상황이 정리됐다. 처음 이별 소식을 들었을 때 나는 참지 못하고 박수를 쳐버렸다. 큰박 씨는 신이 난 나를 보며 혀를 끌끌 찼다. 다시 한번 말하지만, 큰박 씨는 나보다 일곱 살이 어리다.

―――

엄마와 또 싸웠다. 애인이 프랑스에서 사 온 숟가락과 포크가 문제였다. 얼룩덜룩한 무늬가 있는 식기였는데 엄마는 아무래도 납이 들어 있게 생겼다며 당장 버려야 한다고 생떼를 부렸다. 심지어 엄마의 납 타령으로 우리 집의 식기 건조대와 세제 통을 스테인리스로 바꾼 후였다.

참기 힘들었다. 우선 엄마가 말한 식기는 애인의 보물 중 하나였고, 무엇보다 엄마가 그리도 사랑하는 스테인리스로 만든 제품이었다. 나는 숟가락에 적힌 18과 10이라는 숫자를 손가락으로 있는 힘껏 가리켰다. 크롬 18퍼센트, 니켈 10퍼센트가 함유되어 있다는 뜻으로, 쉽게 말해 스테인리스 중에서도 질이 좋다는 말이었다. 여기에 대한 설명이 잘 정리되어 있는 인터넷 사이트도 같이 보여줬다.

잠자코 듣던 엄마는 숟가락을 한 번 더 요리조리 뜯어봤다. 그리고 돌아오는 말이 기가 막혔다.

"나는 못 믿겠는데?"

오케이. 더는 못 참아. 지금까지 몸도 아프고, 엄마에게 미안한 마음도 있어서 속이 상해도 참고 넘어갔었다. 하지만 이제는 한계를 넘었다.

"도대체 왜 그러는 거야? 사람 미치게 하고 싶어서 그러지?"

"엄마가 느끼는 대로 말하는데 뭐가 문제야?"

"문제지! 여기 스테인리스라고 적혀 있는데도 믿지를 않으면 그게 문제지! 이게 납으로 보이면 그게 문제지!"

"무슨 스테인리스가 이런 무늬가 있냐고. 여기 사이사이에 뭘 섞은 거라니까?"

혈압이 오르고 눈알이 빠질 듯했다. 싸움이 커지는 신호다.

"엄마는 중금속 얘기를 하고 싶은 게 아니야. 내 삶을 통제하고 싶은 거야."

"아니? 중금속을 걱정하는 거야."

"진짜야. 엄마는 지금 숟가락 핑계를 대면서 내 삶을 좌지우지하고 싶어 해. 딱 그거야."

"아니야. 납 중독이 얼마나 무서운 줄은 아니?"

"요즘 세상에 누가 납 중독이 되냐고."

엄마는 40년 전에나 있었을 법한 납 중독 사례를 늘어놨다. 첩첩산중이었다.

"엄마. 관계가 가까울수록 상대를 대할 때 남을 인식하는 뇌 부위가 아니라 나를 인식하는 뇌 부위가 활성화된대."

"그런데 뭐."

"엄마는 지금 나를 엄마라고 생각하고 있어. 내가 엄마의 일부라도 되는 듯이 독립된 인격으로 대하고 있지 않다고."

"다 너를 아끼니까 그렇지. 안 그러면 신경 쓸 필요도 없어."

"아니지, 엄마. 아끼면 존중해야지! 자기 일부처럼 대하는 게 아니라 존중하고 지지해줘야지!"

"야, 나중에 그 내용으로 어디서 강의나 해라. 말하는 투는 완전 박사야, 박사."

"내 말이 틀렸냐고."

"너는 되게 존중하고 지지하면서 사나 봐. 어쩜 혼자 잘났니?"

"그래. 나 잘났다. 어쩔래! 푸핫."

소리를 버럭 지르는데 왜 하필 그때 황 씨, 작은박 씨, 큰박 씨가 떠올랐을까. 번쩍하고 뜬 이미지 속에서 그들은 나의 뇌 속 '나를 인식하는 방'에 오순도순 살림을 차려 지내고 있었다. 참지 못하고 웃음이 터져버렸다. 내가 별안간 깔깔거리니 엄마도 픽 웃었다. 우리 둘 사이에서 팽팽하게 당겨졌던 감정이 순식간에 느슨해졌다. 엄마는 말없이 꺼내놓은 식기를 제자리에 되돌려놓았다. 나도 더 이상 따지고 들지 않았다.

얼마 전, 엄마와 통화를 하다가 식기 생각이 나서 물었다.

"엄마, 아직도 그 숟가락에 납이 섞여 있다고 생각해?"
수화기 너머로 망설이는 엄마의 숨소리가 들렸다.
"응."
돌아오는 답에 어이가 없어서 웃음이 났다.
"엄마, 나는 엄마를 정말 많이 닮았어. 알아?"
"그럼, 누구 딸인데."
나는 고개를 절레절레 저으며 전화를 끊었다.

재활

팔꿈치에 깁스를 한 지 2주 차부터 문제가 생겼다. 처음에는 뻑뻑하기만 했던 어깨가 점점 쓰라려왔다. 좀더 지나니 팔과 어깨가 가는 고무줄 하나로만 이어진 느낌이었다. 줄이 당겨질 때마다 어깨와 팔 사이가 찢어질 듯 아팠는데, 언제라도 팔이 뚝 떨어져 나갈 수도 있겠다 싶었다.

"슐터슈타이페Schultersteife네요."

증상을 다 말하기도 전에 의사가 말했다. 구글에 검색하니 화면에 '오십견五十肩' 세 글자가 떴다. '오십대의 어깨'란 뜻이란다. 주로 오십대가 많이 앓아서 붙은 이름이라던데, 기분이 별로였다. 내가 육십대나 칠십대였다면 나았을까? 그보다 대체 누가 이토록 아픈 질병에 얼렁뚱땅 '오십견'이라는 이름을 붙였을까? 인터넷에 찾아보니 '동결견'이나 '유착성 관절낭염'이라고도 한다는데, 왜 아무도 그 이름으로 부르지 않는 걸까? 나이와 상관없이 팔이나 손목 깁스를 장기간 했을 때 흔히 나타나는 부작용 중 하나라고도 한다. 근데 왜 이름을 오십견이라고 붙이고 난리야.

위경련이 부작용계의 악마였다면, 오십견은 루시퍼였다. 자세를 바꿔도 통증이 나아지지 않는다는 점에서 특히 지독했다. 누웠을 때는 정말 팔이 떨어져 나가는구나 싶었다. 보통 몸이 아플 때 자세를 바꾸면 나아지는데 오십견은 달랐다. 바꾸면 바꾸는 대로 고통이 찾아왔다. 잠은커녕 쉴 수조차 없었다. 앉지도, 눕지도 못한 채 안절부절못하며 어깨만 주무를 뿐이었다. 통증이 심했을 때는 한 시간도 못 자고 침대 위에서 끙끙거렸다.

"너무 아파서 누워 있고만 싶어요."

"오십견은 누우면 더 아파요."

네 번 만에 새로 찾은 동네 정형외과였다. 작은 키의 여자 의사는 허리가 꼿꼿하고 몸이 단단해 보여 믿음이 갔다. 첫 진료부터 사고 부위를 꼼꼼히 확인한 첫 번째 의사였다. 단호하고 직설적인 말투에 흠칫하기도 했지만 독일어에 능숙하지 않은 외국인에게는 오히려 편했다. 의사는 오십견에 대해 차근차근 설명했다.

오십견은 대개 자연 치유가 된다. 심지어 한번 앓은 어깨에는 거의 재발하지 않는다. 다만 한번 진행된 오십견은 통증기, 동결기, 회복기까지 꼼짝없이 거치고야 만다. 중간에 '짜잔' 하고 낫는 일은 없다. 보통 통증기 3개월, 동결기 6개월 그리고 회복기는 사람에 따라 몇 개월부터 연 단위까지 걸린다. 최소 1년 이상 치료 기간이 필요하다는 소리다. 간혹 약물 치료를 하기도 하지만 추천하지 않는다. 스트레칭이 부작용 없는 유일한 처방이다.

"가만히 있으면 관절이 굳기만 해요. 아프지 않은 선에서 계속 움직이고, 스트레칭하세요."

단호하게 말하는 의사의 테이블 위에는 '쉬는 자는 녹슨다Wer rastet, der rostet'라는 독일 속담이 붙어 있었다. 몸이 아프면 쉬어야 한다는 생각은 정형외과식 재활에서만큼은 예외였다. 의사의 테이블에 있던 속담처럼 몸은 쉴수록 안주하고, 활동의 범위를 좁혔다. 반대도 마찬가지였다. 쓸수록 닿지 않던 높이에 손이 닿고, 주울 수 없던 물건을 주울 수 있었다. 재활은 작은 움직임을 차근차근 쌓아 몸의 가능성을 넓히는 일이었다.

특히 팔꿈치 재활이 그랬다. 4주 만에 깁스를 뺀 왼쪽 팔꿈치는 딱 110도만큼 펴졌다. 평소와 다름없이 팔을 쭉 펴도 인대가 굳어서 꿈쩍도 하지 않았다. 마치 원래 펴진 적 없던 팔인 것처럼 단단히 굳어 있었다. 그 모습이 신기해 거울 앞에서 자꾸만 양팔을 벌려봤다. 꼭 한 팔만 구부러진 허수아비 같았다. 팔꿈치뿐만 아니라 손과 손가락도 뻑뻑해서 양철 나무꾼처럼 움직였다. 의사는 일주일에 10도씩 팔꿈치 가동 범위를 늘리라고 말했다. 적어도 7주는 기다려야 한다는 뜻이었다.

팔꿈치가 영영 펴지지 않을 수도 있느냐는 질문에 돌아온 답은 '그렇다'였다. 충격받은 얼굴을 하고 있으니, 보통은 펴진다고 덧붙였다. 이미 넋이 나가서 잘 들리지 않았다. 인터넷에서 팔꿈치 각도가 다 돌아오지 않은 사람의 후기를 읽었다. 여러 번 글을 다시 읽고는 장애 등급 판정 기준을 찾아봤다. 팔꿈치 각도로는 장애 판정을 받기도 쉽지 않았다. 독일에서 나는 요식업계에 일하며 생활비를 벌어야 하는데 이 몸으로 앞으로 어떻게 살아야 할지 눈앞이 깜깜했다. 시간을 빨리

감기 해 7주 후 나를 확인하고 싶었다.

물리치료사는 내 다급한 마음과 상관없이 '천천히'라고만 말했다. 팔꿈치를 폈다가 접는 단순하고 간단한 운동이었다. 느릿느릿하게 자주하되 무리하지 않아야 했다. 나에게는 가장 어려운 세 가지였다. 물리치료사의 말대로 팔꿈치를 접는데 답답해서 심장이 터질 듯했다. 그냥 빠르게 100번 접었다 펴고 끝내고 싶었다. 아니면 어릴 때 태권도장이나 발레 학원에서 한순간에 몸을 눌러 다리를 찢듯 한 방에 해결하고 싶었다.

"네가 아무리 서둘러도 네 몸이 따라오지 않으면 아무 소용 없어."

물리치료사는 다시 속도가 붙으려고 하는 내 팔을 붙잡았다. 그는 국적 모를 중년 여성이었는데 낮고 부드러운 목소리를 가져서 이유 없이 영검해 보였다.

"한 번에 끝났으면 좋겠어."

"네 몸을 끝장내고 싶다면 그렇게 해."

물리치료사는 따뜻한 목소리로 무서운 소리를 했다. 나는 입을 다물고 다시 팔을 느리게 움직였다.

안네를 처음 만난 건 사고 7개월 후였다. 일상생활이 가능하다는 진단을 받고 카페에서 일을 갓 시작했을 때였다. 안네는 발목 보조기와 목발을 하고는 친구 여럿과 발코니에 둘러앉아 커피를 마시고 있었다. 사용하던 보조기와 같은 브랜드를 보니 우선 반가웠다. 인사도 없이 대뜸 안네의 발에 손가락질을 했다.

"아, 다쳤어요?"

무례한 질문에 안네도, 친구들도 어리둥절해했다.

"미안해요. 저도 같은 보조기를 썼었거든요. 반가워서 인사도 잊었어요. 안녕하세요!"

나는 꾸벅 인사를 하고는 발목과 팔꿈치에 난 상처를 내보였다. 나를 훑던 눈은 금세 경계를 풀었다.

"세상에. 무슨 일이 있었어요?"

"볼더링하다가 떨어졌어요. 발목이랑 팔꿈치를 같이 다쳤어요."

안네는 눈앞에 추락한 내가 있기라도 한 듯 인상을 찌푸렸다. 반면 일행은 흥미롭다는 표정으로 고개를 끄덕거렸다.

"저는 테니스를 치다가 아킬레스건이 끊어졌어요."

이번엔 내가 손으로 입을 틀어막고 괴로운 표정을 지었다. 일행은 역시 별다른 동요가 없었다. 고통이 이야기로 들리는 사람과 기억으로 그려지는 사람의 차이였다. 흔들림 없이 초롱초롱한 눈빛의 무리와 자신의 몸을 부여잡고 실눈을 뜨는 안네는 서로 다른 세상 사람 같았다. 조금 거창한 비유지만 그때를 생각하면 나는 영화 〈헤드윅〉의 사운드트랙 'The origin of love'의 가사 일부가 떠오른다.

> You were looking at me I was looking at you.
> 너는 나를 보고 있었고, 나는 너를 보고 있었지.
> You had a way so familiar I could not recognize.
> 너에게는 익숙한 무언가가 있었지만 알아볼 수 없었어.
> [······]
> But I could swear by your expression.
> 하지만 너의 표정만 봐도 확신할 수 있었어.
> That the pain down in your soul
> 네 영혼 깊숙이 있는 고통을
> Was the same as the one down in mine

내 안에 고통과 같은

Oh that's the pain.

아, 그것이 바로 그 고통이야.

안네와의 만남은 영화 속 장면처럼 강렬했다. 수많은 사람 사이에서 두 사람만 서로를 알아보는 다소 뻔한 로맨스 영화 같았다. 공항이나 도심 한복판에서 잊고 지낸 첫사랑을 재회하는 장면 같았다. 사랑이 아니라 경험으로 연결됐다는 점만 바꾸면 정말 그랬다. '걸 크러시' 같은 웃기지도 않은 단어도 있는데 '부상 크러시'가 없을 이유도 없었다.

그날부터 안네를 기다렸다. 아킬레스건 파열에 대해 검색하고 독일어 표현을 찾아보기도 했다. '이번 주에는 오지 않으려나?' 생각하면 귀신같이 안네는 카페를 찾았다. 멀리서 그가 보이면 눈이 마주치기도 전에 손부터 흔들었다. 안네 역시 주변을 두리번거리다 나를 발견하고 카페로 들어오는 일이 잦았다. 우리는 짧게 인사를 나누고 서로의 상태를 물었다. 안네는 나보다 딱 3개월 늦게 발을 다쳤다. 마땅한 물리치료사를 찾지 못해 고민하고, 아킬레스건의 기능을 잃을까 봐 불안해하는 그를 보면 자꾸만 지난 시간이 떠올랐다.

안네에게 하고 싶은 말이 많았다. 말을 하고 싶다는 욕구를 마지막으로 느낀 지가 언제인지 기억나지 않았다. 사고 이후 나는 늘 질문에 둘러싸여 있었다. 새 동료는 상처에 대해 물었고, 친구는 이제 괜찮은지 물었다. SNS에 접속하면 회복 경과를 묻는 메시지가 와 있었다. 다정한 관심이었지만 한편으로 무의미하게 느껴졌다. '말' 때문이었다. 반년이 넘는 회복 기간 동안 그것에 대해 말을 하면 할수록 실체에서 멀어졌다. 고르고 고른 단어와 꾹꾹 눌러서 만든 문장은 막상 뱉고 보면 납작하고 낯설었다. 몇 번의 실패 후 나는 대충 얼버무리거나 우스운 얘기나 했다.

안네와 말할 때만은 달랐다. 하고 싶은 말이 많아 문장 구조도, 발음도, 시제도 모두 엉망으로 뒤섞은 채 뱉어냈다. 안네는 내 말을 한 번 더 문장으로 정리해서 돌려줬다. 돌려받은 말은 놀라울 정도로 정확히 내가 하고 싶던 말이었다. 안네와는 한국어로 말할 때보다 더 오해 없이 고스란히 말이 닿았다. 안네에게만큼은 기꺼이 말하고 싶었다.

하루는 일을 하는데 사이렌 소리가 들렸다. 진짜는 아니었고, 머릿속에서 나는 소리였다. 구급차에 누워서 봤던 백열등이 눈앞에 보였다. 숨이 가쁘고 등골이 서늘했다. 무서워 고개를 흔들면서 "악!" 하는 소리를 냈다. 내 옆에서 커피를 주문하던 구급대원 단골손님이 흠칫 놀랐다. 머쓱해서 얼른 미안하다고 했다. 사과하면서도 구급대원의 주황색 유니폼에 자꾸만 눈이 갔다.

하필이면 카페에 구급대원 단골손님이 많았다. 처음엔 별생각이 없었는데 유니폼을 자꾸 보니까 볼더링 스튜디오와 구급차에서 봤던 구급대원이 떠올랐다. 그러면 갑자기 사고의 기억이 나를 덮쳤다. 추락 혹은 이송 중이었다. 가슴팍에 손을 얹고 '학!', '악!', '허!' 셋 중 하나의 소리를 내고 나서야 현실로 돌아왔다. 그래도 심장이 뛰면 주방으로 도망쳐 한숨 돌려야 했다.

정말 무서운 걸까? 아니면 관심받고 싶은 걸까? 실제로 구급대원 무리에게 사고 얘기를 하면서 감사 인사를 전하고 싶은 충동을 느끼기도 했다. 극적인 상황을 연출하고 싶은 욕심이라 느껴져 마음을 눌렀다. 헷갈렸다. 만약 구급대원 유니폼이 불러온 공포가 내게 있다면 그걸 트라우마라고 명명할 수 있을까? 거창한 이름을 붙이기에 충분히 심각한 부상이었을까? 고민이 깊어졌다.

친한 매니저와 수다를 떨다가 구급대원 단골손님들 이야

기가 나왔다. 오후에 커피를 마시러 온 구급대원들이 출동 알림 때문에 여섯 잔이 넘는 커피를 자리에 그대로 두고 떠났다고 했다. 마침 잘됐다 싶었다. 매니저는 나와 마감 근무를 항상 함께하는, 카페에서 손에 꼽게 편안한 사이였다. 처음으로 매니저에게 구급대원의 유니폼을 보고 겁먹은 일을 말했다.

처음에는 어리둥절한 표정이었다. 두 번째는 동공이 흔들렸다. 걱정 어린 얼굴은 세 번째에야 나왔다. "괜찮아?"라는 질문이 나오기 전까지 일어난 일이었다. 무거운 대화 주제에 대한 부담과 말실수하고 싶지 않은 방어적인 속내가 찰나에 새어 흘렀다. 나는 하려던 말을 접고 "응, 다 좋아"라고만 답했다.

며칠 후에 안네가 카페에 놀러 왔다. 목발도 없고 발목 보조기마저 뺀 안네는 그 때문인지 안색이 환했다. 반가운 마음에 안네에게 달려가 포옹을 하고 싶었지만 아무리 생각해도 과해서 꾹 참았다. 커피 서빙을 핑계 삼아 안네가 앉은 테이블로 갔다. 우린 언제나처럼 짧게 안부를 묻고 재활 이야기를 시작했다.

"근데, 요즘 이상한 경험을 해."

"어떤 경험?"

"우리 단골손님 중에 구급대원 무리가 있거든. 요즘 그들을 보면 심장이 뛰고 숨이 차. 뭐라고 설명해야 할까? 그러니까, 사고 났을 때가 기억나면서 구급차 내부가 떠올라. 사고 순간이 그려지기도 하고. 근데 좀 유난이지. 너무 드라마틱하게 반응하는 것 같기도 하고. 뭐 그런 일이 있었네. 푸, 어쩌겠어. 이미 일어난 일인데……. 뭐 그랬다고."

매니저의 표정이 자꾸 떠올라 말하기에 집중하기 힘들었다. 단 1초의 침묵도 견딜 수 없어서 쉬지 않고 의미 없는 수식어만 늘어놓았다. 안네가 내 팔을 가리키며 뭐라고 말했다. 모르는 독일어라 한 번 더 말해달라고 부탁했다. 안네는 영어로 다시 한번 말했다.

"네 팔에 소름이 돋았어."

"응?"

"네가 말하는 동안 팔에 소름이 돋았다고."

내려본 팔에는 선명한 닭살 자국이 있었다. 오돌토돌한 피부를 손으로 만져봤다. 정말 닭살이네. 진짜로 닭살이 돋았어. 일부러 닭살이 돋게 한 게 아닌데 닭살이 돋았네. 본능적으로 돋았잖아. 닭살을 연기한 게 아니잖아. 안네가 가고 나서도 한참 동안 생각했다.

살면서 팔꿈치를 인식한 적은 중고등학생 시절 때밀이 수건으로 거뭇거뭇한 팔꿈치를 빡빡 밀 때 말고는 없었다. 이렇게나 자세히 들여다본 일은 평생 처음이었다. 팔꿈치는 종일 움직여 펴지는 각도를 5도 정도 늘려놓아도 자는 동안 다시 굳어 아침에는 7도가 줄어 있었다. 사우나를 가거나 뜨거운 물로 샤워하면 씻기 전보다 인대가 이완되어서 훨씬 더 펴졌다. 대신 추우면 반대로 굳었다. 팔꿈치 안에는 정말 인대가 있었다.

　근육도 마찬가지였다. 깁스를 뺐을 때는 근육이 빠져 앙상했던 팔이 재활 운동을 열심히 할수록 두껍고 단단해졌다. 수술 이후에 오른쪽 팔꿈치와는 다르게 날카로워진 뼈도 만져졌다. 의사가 팔꿈치 각도를 위해 뼈를 갈았다더니 정말이었다. 인대, 근육, 혈관, 뼈, 신경……. 해부학 도면에 나오는 팔꿈치가 점점 내 팔꿈치와 겹쳤다.

　그제야 정말 팔꿈치를 잃을 수 있다는 사실이 실체를 갖췄다. 만약 팔꿈치가 여기서 더 펴지지 않는다면 그저 펴지지 않는 팔꿈치일 뿐이었다. 어떤 서사를 더하고 사유를 하더라도 그것은 인대이고, 근육이고, 혈관이고, 신경이고, 뼈였다. 팔이자 몸이었다. 해결 방법이나 필승법은 없었다. 기다려야 했다. 움직여야 했다. 그래도 펴지지 않는다면 그게 결론이었다.

불안이 솟구쳤다. 매일 아침 나는 눈을 뜨자마자 기지개도 켜지 않고 거울 앞으로 가 팔꿈치 각도를 확인했다. 전날 밤 자기 전에 찍어둔 사진과 비교하며 한참 동안 머리를 굴렸다. 어떻게 보면 더 펴진 듯하고, 다시 보면 다를 바 없었다. 1도의 각도도 놓치고 싶지 않아 간절하게 눈을 굴리는 아침이 상쾌할 리 없었다.

"팔 좀 많이 펴지지 않았어?"

불편한 마음은 질문이 되어 애인에게 향했다. 애인이 "어제보다 훨씬 펴졌다"라고 하면 "어제 찍은 사진 있는데 똑같아. 오히려 더 굳었는데 뭔 소리야"라고 면박을 주고 "음, 잘 모르겠네?"라고 하면 "나한테 왜 이렇게 관심이 없어?"라고 성을 냈다. "좀 덜 펴지는 것 같다"라고 하면 "응원은 못할망정 왜 기를 꺾어"라며 투덜거렸다. 질문 굴레에 지친 애인이 냅다 "사랑해!"라고 말했을 때는 "왜 괜한 소리를 해? 내 질문은 그게 아니잖아"라고 정색하기도 했다.

진심으로 애인을 비난한다기보다는 일종의 스포츠였다.

스스로 불안을 소화할 만한 힘은 내 안에 없었기에, 대신 애먼 곳을 들이박고 보는 나만의 스파링이었다. 처음에는 난감해하던 애인도 차츰 변덕에 익숙해졌다. 시비를 걸면 쩔쩔매는 체하며 비위를 맞췄다. 나는 괜히 미안해서 애인에게 몸을 '쿵' 하고 부딪혀 안기거나 어깨에 얼굴을 파묻곤 했다. 그러면 마음이 좀 풀렸다. 말하자면 분풀이가 아닌 '불안풀이'였다.

"결혼하면 어때?"

팔꿈치가 130도 정도 펴졌던 어느 날 나는 옆에 앉은 애인을 바라보며 말했다. 갑작스러운 말에 애인의 얼굴이 일그러졌다. 애인은 기저귀에 잔뜩 똥을 싼 아기처럼 어정쩡한 자세로 허둥지둥했다.

"갑자기 결혼이 웬 말이야."

애인의 반응은 이미 예상했다. 황당하고 기가 막혔을 것이다. 내 평생 결혼에 일절 관심 없었다. 비혼주의자냐고 묻는다면 아니다. 그보다 애초에 결혼이란 사회 제도가 필요한지 모르겠다. 서로의 보호자로 삶을 공유하는 두 사람 중 한 명이 아프거나 죽었을 때 법적으로 보호받아야 하는 제도는 꼭 필요하지만, 그게 사랑을 전제로 한 결혼이어야 하는지는 모르겠다는 말이다. 동성혼 법제화는 적극 찬성하지만, 생활동반

자법이 생긴다면 결혼 제도가 있어야 할 필요는 없다고 생각한다.

이렇게 결혼에 대한 환상도, 관심도 없던 내가 갑자기 던진 제안에 애인이 놀라는 건 당연한 일이었다. 하지만 그와 별개로 내 기분은 이미 상해버렸다. 난감한 표정의 애인에게 표독스러운 목소리가 나갔다.

"왜? 싫어?"

"아니, 너무 갑작스럽잖아."

"나 직장 잘려서 돈도 없어. 결혼하면 당장 건강보험(건강보험료가 비싼 독일에서는 부부 중 한 명이 무직인 경우 다른 사람의 건강보험에 포함될 수 있다)도 해결되고, 세금도 덜 낼 수 있잖아. 어차피 계속 같이 살 건데 뭐가 문제야?"

"우리 다시 만난 지 두 달밖에 안 됐는데 어떻게 결혼을 해."

실제로 애인과 나는 사고 직전 한 달 동안 헤어진 상태였다. 어떻게 들어도 애인의 말이 옳았지만 기어코 화가 났다.

"됐어. 나도 그냥 한 말이었어."

"아니, 만약에 해도 지금은 아니라는 말이지."

"나중에 하는데 왜 지금은 안 되는데?"

"그 말이 아니잖아."

"됐다고, 그러니까."

나는 성이 나서 몸을 돌려 누우려고 했지만, 보조기 때문에 그러지 못하고 고개만 반대로 잔뜩 돌렸다. 몸도 못 돌린다는 생각에 갑자기 눈물이 핑 돌았다. 입술을 꾹 깨물고 울음을 참으려는데 서러움이 목 깊은 곳부터 터져 나왔다. 끄윽끄윽 흐느끼는 모습이 어떻게 봐도 결혼하고 싶어 환장한 꼴이었다. 애인이 놀라서 어깨를 두드렸다.

"언니, 울어?"

"됐다고. 안 한다고. 결혼 안 한다고!"

이 말까지 완벽했다. 이미 세상 누구보다 결혼하고 싶은 사람이었다. 자존심이 상해 더 눈물이 났다. 애인한테 말 걸지 말라고 으름장을 놓고 엉엉 울다가 깜빡 잠들었다. 자고 일어나니 아침이었다. 눈이 부어서 잘 떠지지 않았다. 침대를 더듬어 스마트폰을 집어 들었다.

— 재무상담사님, 개인 연금 보험의 납입 금액을 늘려도 될까요?

직장을 그만두면서 노후 준비에 대한 불안을 잠재우기 위해 들었던 상품이었다. 내 벌이를 알고 있는 상담사는 만류했다. 하지만 내 생각은 달랐다.

— 무조건 높여주세요. 바로 이번 달부터요. 어떻게든 돈을 맞춰 넣을 테니까 꼭 높여주세요.

옆에서 스마트폰을 엿보던 애인이 무직 상태에서 무리하는 게 아니냐고 걱정 어린 말을 했다. 결혼도 안 할 거면서 무슨 상관이냐고 와락 짜증을 내고는 애인이 없는 쪽으로 고개만 잔뜩 돌렸다.

———

안네와 처음으로 카페 밖에서 만났다. 베트남 필터 커피집이었다. 연유를 좋아하는 나는 다디단 베트남 커피를 시키고 안네는 베트남 원두로 내린 카푸치노를 주문했다.

"나 원래 테니스 잘 쳤거든. 쉰 지 오래되어서 그렇지."

안네가 커피잔을 내려놓으며 말을 이었다.

"친구에게 보여주고 싶었어. 내가 얼마나 테니스를 잘 치는지. 실은 그래서 다친 거야. 무리하다가."

"그래?"

"응. 공이 오는데 좀만 힘을 더 주면 좋은 스트로크가 들어갈 것 같아서 몸을 과하게 틀었어. 운동을 쉰 지 오래인데 옛날 생각만 한 거지."

"나는 볼더링 레벨 올리는 걸 친구들한테 보여주고 싶어서 스마트폰으로 촬영까지 하고 있었어. 하하"

사고 직전 마지막 홀드로 손을 뻗던 내가 떠올라 웃음이 났다. 안네도 덩달아 웃었다. 사고에서 시작된 대화는 치료 과정으로 자연스럽게 흘렀다.

"물리치료사는 나한테 좋은 일에 집중하라는 거야. 무슨 말이 그래? 나는 정말 이해할 수가 없어. 내가 무엇에 집중해야 하는데? 대체 무슨 좋은 일을 말하는 거야?"

한창 물리치료 중이었던 안네는 지긋지긋하다는 표정으로 넋두리했다.

"나는 참견은 참을 수 있어. 근데 물리치료사가 매번 바뀌고, 바뀔 때마다 다른 물리치료를 하는 거야. 믿음이 안 가잖아. 같은 처방전인데 왜 다른 치료를 하냐고."

"그니까. 물리치료사마다 말이 달라서 엄청 불안하다고. 아무도 내 상태에 대해 정확히 설명해주지 않아. 내가 어떤 상태인지 모르겠어. 언제 다 나을지도 모르겠고."

"내 말이. 치료받는 내내 아무것도 확신할 수가 없었어. 아츠트브리프에 적힌 말이 내가 아는 전부였어. 병원이랑 재활센터를 다니면서 직접 물어봤는데, 그때마다 다른 이야기를 하는 거야. 답을 찾기는커녕 새로운 선택지만 계속 생기는 거야."

"와, 무슨 말인지 완전히 알아. 확실한 건 없고 옵션만 많아져서 혼란스럽기만 한 상태."

"나는 내가 외국인이어서 그렇게 느끼는 줄 알았어."

"아니야, 독일인에게도 마찬가지야. 하하."

치료 내내 내가 독일인이었다면 상황이 다르지 않았을까 의심했다. 반은 맞고, 반은 틀린 생각이었다. 독일인에게 분명 덜하겠지만 어쨌든 독일 의료 시스템 아래에서는 피할 수 없는 고통이었다.

"언제까지 물리치료를 받아야 해?"

안네는 의자에 앉은 채로 발꿈치를 들어 보였다.

"까치발이 될 때까지."

"대략 언제쯤 할 수 있대?"

"모르지. 누가 알겠어. 아무도 몰라."

"기다려야겠네."

"별수 없지."

이골이 난 표정으로 눈을 굴리던 안네는 자신의 아킬레

스건을 내려다보고는 발목을 까딱거렸다. 나도 덩달아 안네의 시선을 따라 발목을 쳐다봤다. 안네의 발목은 삐걱삐걱 어색하게 움직였다. 잠깐 정적이 흐르고 우리는 그만 카페에서 나서기로 했다. 출근하는 나를 안네는 기꺼이 바래다주었다. 우린 말없이 베를린의 좁은 골목을 걸었다. 침묵을 깬 쪽은 나였다.

"너에게 꼭 하고 싶은 말이 있어."

"뭔데?"

침이 꼴깍 넘어갔다. 무슨 프러포즈라도 하는 사람처럼 뚝딱거렸다.

"주변에는 나를 사랑하는 사람이 많아. 그들은 나를 정말 많이 돕고, 지지했어. 근데 이상하게도 나는 내가 얼마나 힘든지 주변 사람에게 말할 수 없었어. 어차피 무슨 일을 겪었는지 이해하지 못하잖아. 그런데 너한테는 달랐어. 마음을 솔직하게 말할 수 있었거든. 내게는 큰 의미였어. 고마워."

"나도 마찬가지야. 정말 고마워."

씩 웃는 안네를 앞에 두고 눈시울이 시큰해졌다. 눈물을 꿀꺽 삼키고 나서야 그동안 느낀 감정의 이름을 알게 되었다. 외로움. 깨달음과 함께 내 속에서 어떤 딱딱하고 울퉁불퉁한 이물이 녹아 사라졌다. 이물은 지난 반년을 오롯이 이해받고 싶은 마음이었다. 모든 걸 말하고 싶어서 결국 아무 말도 하지 못한 시간이 그제야 현재가 아닌 과거가 됐다.

―――

　매주 10도씩 팔꿈치 보조기 가용 각도를 넓힐 때마다 5도 더하고 싶은 마음을 다잡느라 혼났다. 각도가 넓어질수록 상태는 좋아졌다. 눈물이 고일 정도로 아프던 어깨 스트레칭은 기꺼이 즐길 수 있는 정도의 통증으로 변했고, 더는 오십견으로 밤잠을 설치지도 않았다. 발목 보조기를 제거하고 목발 없이 걷기 시작했고, 수영이나 걷기 같은 가벼운 운동을 해도 된다는 의사의 허락도 받았다.

　난생처음 정기적으로 헬스장에 가기 시작했다. 사고 전에는 상상도 할 수 없는 일이었다. 살면서 장기간 했던 운동은 농구, 축구, 스쿼시, 클라이밍 같은 것이었다. 남과 겨루거나 위험을 감수하지 않으면 운동으로 느껴지지 않았다. 정신없이 재미만 좇다 보면 알아서 근육이 붙고 건강해지는데 굳이 지루하고 고통스러운 운동을 할 이유가 없다고 생각했다.

체스트 프레스를 처음 한 날 나는 15킬로그램을 겨우 밀었다. 근육이 다 빠진 왼팔이 바들바들 떨려서 운동하는 내내 어깨가 간지러웠다. 레그 프레스를 할 때면 자꾸 오른발에만 힘이 들어갔다. 3세트 운동을 마치면 후들거리는 왼발을 가누지 못하고 우스꽝스러운 몸짓으로 기구에서 내려오곤 했다. 2주가 지나니 팔도 다리도 떨리지 않았다. 무게를 차곡차곡 쌓는 맛에 눈을 떴다. 틈나면 몸에 붙은 근육을 만졌다. 헬스가 재미있었다.

뜬구름처럼 생각되던 회복에 가까워지는 중이었다. 어둡고, 습하고, 불안정한 마음이 점점 달라졌다. 처음 목발을 했을 때, 걸었을 때, 팔꿈치 깁스를 뺐을 때 모두 기뻤다. 할 수 있는 일이 많아지고 가능성이 열리는 기쁨이었다. 하지만 회복한다는 감각과는 달랐다. 뭐가 달랐느냐 하면…… 나는 감사했다. 세상과 자연, 사람, 동물, 공기 등 모든 존재에 감사했다.

종교적인 이야기가 아니다. 아닌가? 맞나? 옛날에 한 팟캐스트에서 "일어난 일에 이유가 있다고 믿는다면 무신론자가 아니다"는 얘기를 들은 적이 있다. 나는 나를 사고로 이끈 우주의 힘이나 절대자가 있다고 생각하는 걸까? 잘 모르겠고 중요하지도 않다. 그보다는 나의 감사가 외부로 향한다는 점이 중요했다. 더 이상 내 안에 고이기만 하지 않는다는 말이었다. 사고 이후 한동안은 뭐가 들어오든 소화할 수 없어 속에 쌓였다. 도움은 부채감이 되고, 위로는 모르는 소리가 되어 내 안에 고였다.

집에 가는 길에 건물을 잡아먹을 듯이 기세 좋게 자란 넝쿨을 보았다. 초록빛 넝쿨이 푸른 여름 하늘과 만나 온 세상에 생기를 뿌리고 있었다. 문득 태어났음에 감사했다. 동시에 나는 정신이 낫고 있음을 느꼈다. 상투적인 표현이 아니라 정말로 회복을 감각했다. 중요한 순간이었다. 정신이 회복됐다는 말을 다르게 말하면, 사고 이후 몸 만큼이나 정신도 산산조각 났었다는 말이었다. 몸은 이래도 정신 하나는 또렷하다고 바득바득 우기던 아집을 더는 부릴 수 없다는 뜻이기도 했다. 기쁜 마음으로 패배를 인정했다. 몸만큼이나 정신에도 재활이 필요하다는 당연한 명제 앞에서였다.

마지막 수술을 하고는 안네를 만나기가 힘들어졌다. 우선 내가 첫 번째 책(《베를린에는 육개장이 없어서》)의 원고를 쓰느

라 바빠서 카페 근무를 많이 줄인 상태였고, 안네도 다시 생업에 집중하면서 서로 시간이 맞지 않았다. 첫 책을 내기 전 만난 안네는 안부를 묻는 나에게 까치발을 들어 보였다. 나는 발레 공연을 관람하는 고상한 관객처럼 고개를 절레절레 흔들며 감탄한 표정으로 박수를 보냈다. 안네는 꺄르르 웃었다.

"책이 한국에서 출간되는 거야? 정말 대단한데?"

"응, 고마워."

"독일어로도 읽을 수 있으면 좋겠어."

"언젠가 그런 날이 오면 좋겠다."

내 첫 책은 동독 출신 하우스메이트 아저씨와의 이야기인데, 서독 지역인 함부르크에서 태어나 자란 안네가 읽으면 무슨 생각을 할까 잠시 궁금했다.

"언젠가 부상에 대한 책도 써보고 싶어. 그렇다면 네 얘기를 써도 될까?"

"당연하지."

"일은 잘하고 있어?"

"여기서 멀지 않은 곳에 새로운 팝업 스토어를 열었어."

"멋지다."

우리의 새로운 얘깃거리는 일이었다. 프리랜서 디자이너

이자 액세서리 회사를 운영하는 안네는 자신이 요즘 하는 일이나 작업실 얘기를 했고, 나는 쓰고 있는 원고에 대한 고민을 털어놨다. 부상에 대한 대화는 점점 짧고 간결해졌다. 줄어드는 비중만큼 안네를 기다리는 시간이 줄었다. 안네도 카페를 드물게 찾았다.

거의 반년 만에 안네를 보고는 놀라서 두 손을 흔들었다. 놀란 이유는 내가 까맣게 안네를 잊고 지내서였다. 안네는 좋아 보였다. 피부가 조금 탔고, 눈빛은 초롱초롱했다. 사고 이후 오랜만에 다시 만난 친구가 내 얼굴을 보고 '생기가 돈다'고 표현한 일이 떠올랐다. 안네의 얼굴엔 정말 생기가 돌았다. 안네는 드디어 마음에 드는 정형외과 의사를 찾았다고 했다. 나는 내가 다니는 정형외과를 떠올리며 따봉을 했다. 안네의 아킬레스건은 제법 부기가 빠져 있었다.

"새 물리치료를 받고 있고, 지난달에는 휴가도 다녀왔어."
"아주 좋네."
"너는 휴가 안 가?"
"올해는 일 때문에 못 가는데, 내년에는 시간 내서 가면 좋겠어."

우리가 휴가 얘기를 한다니, 감회가 새로웠다. 오랜만에 만난 안네에게 디저트라도 대접하려고 물어보니 이제 가봐야 한다고 말했다. 우리는 조만간 만나서 커피를 마시기로 했다. 나는 그때 안네에 대해 쓴 원고를 어플로 번역해서 들고 가기로 약속했다. 글을 읽은 안네는 어떻게 생각할까? 보나 마나 무슨 말을 하고 싶은지 찰떡같이 알아듣겠지.

———

"잠깐만요. 다시 걸어보세요."

오랜만에 정형외과에 간 날 의사가 정색하며 말했다. 목발에서 벗어난 지 한 달 하고 2주가 넘은 시점이었다. 나는 의사 앞에서 몇 걸음 걸었다.

"왜 절뚝거려요?"

"제가요?"

"절뚝거릴 이유가 없어요."

돌려 말할 줄 모르는 의사다웠다.

"제가 어떻게 걷는지 생각을 안 해봐서……."

"이미 다리는 다 나았어요. 습관일 뿐이에요. 똑바로 걸어요."

의사는 내 말을 끊고 고개를 흔들었다. 봐줄 생각은 없다는 듯 두 손바닥을 하늘로 펴들고는 다시 걸으라고 눈썹을 들썩였다. 기가 죽은 나는 시름시름 앓는 표정으로 다시 걸었다. 대신 이번에는 똑바로 걸으려고 발바닥에 힘을 줬다.

"그렇게 걸어요. 아프지도 않잖아요. 왼발만으로도 설 수 있잖아요."

"그렇긴 한데……."

"다치기 전처럼 움직이세요. 그러지 않으면 제대로 걷는 방법을 잊어버리게 돼요. 계속 절게 된다고요."

의사는 자꾸만 말을 끊었다. 나는 선생님에게 혼나는 유치원생처럼 풀이 죽었다.

분위기를 바꾸기 위해 억지웃음을 지으며 170도로 펴지는 팔을 들어 따봉을 해 보였다. 무표정하게 내 엄지손가락을 바라보던 의사는 컴퓨터로 고개를 돌려 키보드를 두드렸다. 재활 치료 처방도 더 이상 필요 없다는 소식을 전했다.

"이제는 일상으로 돌아가야 할 때예요. 운동하고, 또 운동하세요."

"네, 일은 언제부터 해도 될까요?"

"사무직이면 당장 가능한데 요식업에서 일한다고 했죠?"

"네."

"그러면 본인이 해도 되겠다 싶을 때부터 하세요. 지금부터는 뭐든 다 해도 돼요."

"무거운 물건도 들 수 있나요?"

"제가 뭐라고 했죠?"

"뭐든 다 해도 된다고요."

"맞아요. 잘했어요."

내가 들은 말을 그대로 반복하니 드디어 의사가 웃었다. 그는 내 어깨를 꾹 잡고 고개를 끄덕끄덕했다. 단호하고 차가운 의사의 새로운 면이었다. 그에게 인정받은 순간 황홀해서 거의 눈물이 날 뻔했다. 감동을 제대로 느끼기도 전에 의사는 그만 나가보라고 말했다. 나는 후다닥 짐을 챙겨 나왔다.

그날 밤 애인과 순순이를 데리고 산책을 나섰다. 조금이라도 더 운동하기 위해 자주 걷던 산책길이 아닌 다른 길을 택했다. 손을 잡고 걸으며 오늘 의사에게 들은 얘기를 전했다. 의사에게 쫓겨난 부분을 말할 때 애인은 킥킥 웃었다. 선선하고 고요한 여름밤이었다. 겁이 많은 순순이가 집에 가자며 길가에 주저앉기를 반복한 일만 빼면 더할 나위 없이 여유로운 산책이었다.

"어때? 나 다리 안 절어?"

나는 애인 앞으로 앞서 걸으며 물었다. 애인은 반사적으로 "하나도 절지 않는다"고 단호하게 말했다. 나는 조금 더 앞에서 걷다가 다시 고개를 돌려 물었다.

"자연스러워?"

애인은 고개를 크게 끄덕거렸다. 잠시 또 걷다가 애인을 쳐다봤다.

"왼쪽으로 몸이 기울지 않아?"

애인이 진짜 잘하고 있다며 온갖 칭찬을 했다. 칭찬 세례에 신이 난 나는 넓은 폭으로 걷다가, 뛰다가, 다시 걷다가 뛰었다. 너무 신이 나서 침을 흘렸다. 애인이 나를 보고 웃었다. 겁쟁이 순순이는 그러든지 말든지 지긋지긋하다는 표정으로 제발 좀 집에 가자는 눈빛을 내게 쏘았다. 베를린의 여름밤이 얼마나 사랑스러운지 참 오랫동안 잊고 지냈구나.

며칠 후에 뜻밖의 택배가 왔다. 수신인에 내 이름이 있어서 뜯어보니 새벽에 충동적으로 주문한 프러포즈 반지였다. 나도 모르게 입에서 '억' 소리가 나왔다. '나 혼자 결혼 대소동'을 까맣게 잊고 있었다. 사이즈에 맞춰 제작된 반지는 반품도 할 수 없었다. '함께 고생해줘서 고맙다'라는 의미라고 둘러대고 애인에게 선물했다. 애인이 예전에 지나가는 말로 예쁘다고 했던 반지였다. 애인은 마음에 쏙 든다며 고마워했다. 이만하면 꽤 행복한 결말이었다.

*

후유증

엄마는 둘러대기 선수였다. 얼마나 잘 둘러댔냐면 초등학교 3학년 때까지 나는 아빠가 우리 가족을 위해 해외에서 일하는 줄 알았다. 기억이 있는 어린 시절부터 단 한 번도 아빠를 만난 적이 없음에도 엄마가 그렇다니까 그러려니 했다. 덕분에 나에게 아빠는 해태나 매한가지였다. 상상 속 존재. 예로부터 해태는 수호신이라니까 수호신이겠거니, 아버지는 집안의 기둥이라니까 기둥이겠거니, 어차피 보이지도 않는데 뭐 그러려니.

그런 아빠가 초등학교 3학년 때 갑자기 눈앞에 나타났다. 엄마에게 꽃다발을 사다 바치며 자신을 용서하라면서. 해외에서 일하느라 힘든 건 아빠일 텐데 왜 엄마에게 용서를 구하지? 나는 또 그러려니 했다. 엄마가 잠시 고민하다 꽃을 받아 들었을 때 아빠는 환호했다. 엄마는 이제 아빠와 같이 살 거라고 했다. 갑자기 나타나서 가족이라고 하면 가족이 되는 건가? 하긴 해외에서 우리를 위해 일했다고 하니 그럴 수도 있지.

그렇게 아빠가 돌아왔구나 생각하고 지낸 지 두 달도 되지 않은 무렵이었다. 스쿨버스를 타고 아파트 단지로 들어서는데 주차장 가운데서 비명이 들렸다. 천천히 운전하는 스쿨버스 창문 너머로 아빠에게 멱살 잡힌 엄마가 보였다. 눈을 뒤집어 까고 차라리 죽이라고 소리치고 있었다. 아빠는 가소롭다는 듯이 몸부림치는 엄마를 힘으로 잡고 흔들었다. 친구들이 싸움 구경하겠다며 버스 창문에 모여들었다. 또 유체 이탈을 해버린 걸까? 그날의 기억은 여기까지다.

해외에서 일하기는 개뿔, 실제 이야기를 들려주겠다. 대학을 졸업한 스물네 살 엄마는 모든 일이 허무하게만 느껴졌다. 하고 싶은 일도, 할 일도 없었다. 충동적으로 떠난 바다 여행에서 아빠를 만났다. 자신에게 첫눈에 반해 서울까지 올라온 아빠와 연애 없이 살림을 합쳤다. 얼마 되지 않아 내가 생겼고 결혼식을 올렸다. 두 사람이 만난 지 6개월 된 시점이었다.

아빠는 의처증이 있었다. 엄마가 다른 남자와 말하거나 웃기라도 하면 말이 없어지고, 눈빛이 사납게 변했다. 굳은 표정은 곧 폭력이 시작된다는 예고였다. 폭력은 동거 초반부터 내가 태어난 후 몇 개월을 빼고 결혼 시절 내내 계속됐다. 아빠에게 맞은 날이면 엄마는 나를 데리고 친정으로 도망쳤다. 아빠는 쫓아와 무릎을 꿇고, 울고, 빌고, 선물했다. 그러면 엄마는 마음이 약해져서 제 발로 아빠에게 돌아갔다. 흔하디흔한 때리는 남편과 맞는 아내의 랩소디. 끝나지 않을 듯했던 굴레는 내가 세 살이 되는 해에 이혼으로 멈췄다. 그런 아빠가 다시 나타난 것이었다.

그러니까 아빠는 집안의 기둥이 아니라 몽둥이였다. 사람을 후두들겨 패는 몽둥이. 마침내 집안에서 아빠라는 몽둥이가 없어졌을 때, 그토록 보호하고 싶었던 딸과 고대하던 안전의 세계에 안착했을 때, 엄마는 자진해서 집안의 몽둥이가 되기로 했다. 아주 자연스럽고 예상 가능하나 동시에 의아하고, 불합리한 현상이었다.

첫 번째 팔꿈치 수술 이후 왼쪽 새끼손가락이 이상했다. 새끼손가락을 타고 팔꿈치 아래까지 전류가 흐르는 느낌이었다. 팔꿈치를 딱딱한 곳에 부딪혔을 때 전기가 오르는 듯한 감각과 아주 비슷했는데 강도가 좀 약했다. 손가락 주변을 만지면 보글보글 거품이 끓는 기이한 감각이 느껴지기도 했다. 의사는 팔꿈치를 고정하면서 신경이 눌린 듯하다고 했다. 팔이나 손목에 깁스할 때 흔하게 생기는 부작용이었다. 깁스를 빼면 서서히 감각을 되찾을 수 있을 거라고 덧붙였다.

낯선 촉감과의 불편한 동거였다. 의식이 있는 모든 순간에 이질적인 감각이 느껴지니 설명할 수 없이 갑갑했다. 통증과는 다른 방식의 괴로움이었다. 눈 뜬 순간부터 잠들 때까지 어디선가 오묘한 냄새가 난다면? 혹은 반복적인 소리가 계속 들린다면? 나에게 새끼손가락이 그랬다. 의지로 멈출 수도 없고, 나아지게도 할 수가 없었다. 마사지도, 스트레칭도 아무런 도움이 되지 않았다.

깁스를 풀고 일주일이 지났는데도 감각은 그대로였다. 병원에 갈 때마다 의사는 "조금 더 기다려보자"고만 했다. 슬슬 불안했다. 인터넷 검색창에 '팔꿈치 깁스 후 새끼손가락 마비'라고 입력하니 척골신경 손상, 팔꿈치 터널증후군이 연관 검색어로 나왔다. 새벽까지 스마트폰을 붙잡고 각종 페이지를 오가다 지쳐 잠들었다. 어디까지가 꿈이고 현실인지 모를 정도로 선잠을 자고 일어났을 때 오른손 검지손가락 끝이 쓰라렸다. 지난밤 스마트폰 화면을 쉴 새 없이 스크롤한 기억이 꿈이 아니었다는 증거였다.

스마트폰 웹브라우저에 어젯밤 마지막으로 읽은 페이지가 남아 있었다. 새끼손가락과 약지가 굽은 사진이 눈에 들어왔다. 설명란에는 갈퀴손증후군이라고 적혀 있었다. 이름도 살벌했다. '척골신경 손상일 경우 손바닥 근력을 상실하고, 손가락이 영구적으로 굽을 수 있습니다.' 생업인 요식업과 글쓰기 모두 손으로 하는 일이었다. 그래서인지 상실, 영구 같은 단어가 곧 죽음으로 읽혔다. 그렇게 왼손이 죽음을 맞이하셨습니다.

질주하는 불안은 연료가 되어 나 자신을 태우기 시작했다. 최악의 상황을 상상하며 두려움에 떠는 꼴이 우스꽝스럽기도 했다. 작든 크든 장애를 가지고 사는 사람이 세상에 이렇게나 많은데, 손가락 기능 좀 잃는다고 발작하는 스스로가 한

심했다. 도덕적인 척, 정치적으로 올바른 척하더니 네 일이 되니까 손가락 감각 하나 사라지는 게 죽음처럼 느껴지니? 네가 생각해도 우습지? 오랜만에 유체 이탈을 시전해 나 자신을 봐주지 않고 마음껏 비웃었다.

불안과 자책의 진자운동 사이에서 최면이라도 걸렸는지 나는 자기혐오의 늪으로 스스로 걸어 들어갔다. 내가 싫고 용서할 수 없었다. 혼내고 책망하기 마땅했다. 새벽마다 손가락에 대해 검색하면서 새끼손가락을 손톱으로 꼬집었다. 감각을 느끼고 싶은 동시에 벌주고 싶었다. 꼬집기로 성에 차지 않으면 깨물기도 했다. 그러면 답답할 정도로 뭉툭한 통증만이 저 멀리서 느껴질 뿐이었다.

―――

소문난 명필가던 엄마는 글씨를 쓸 일이 있으면 학교에서든 직장에서든 먼저 나서곤 했다. 자신이 낳은 딸이 악필이라는 사실을 당신은 받아들일 수 없었다. 글씨를 고치기 위해 서예 학원에 보내고, 성경 필사를 시켰다. 평일 밤이면 나를 책상에 붙잡아두고 잠언을 받아쓰게 했다. 종이에 글씨가 쌓일수록 엄마는 입술을 깨물었고 몸을 떨었다. 얼마 후엔 참지 못하고 손을 날렸다. 비명은 새벽 한가운데에 와서야 잦아들었다. 이로 말미암아 평범한 악필가였던 나는 손글씨 쓰기를 치가 떨리도록 싫어하는 악필가로 성장했다.

손 글씨에 대한 기억 말고도 폭력은 내게 여러 자국을 남겼다. 내가 정신과 의사가 아니니 칼로 무 써는 듯 명확하게 말할 수는 없지만 느껴지기로는 그렇다. 눈치를 필요 이상으로 많이 보고, 본능적으로 강한 상대의 비위를 맞춘다. 타인의 부정적인 반응에 집착하기도 한다. 종종 말을 비약해 지레 화를 내는 일도 잦다. 가장 심한 건 불안이었는데, 본가에서 잠을 잘 때마다 나는 천장이 무너질 수 있지 않나 하는 두려움에 떨곤 했다. 십대 때까지는 강도가 들어와 엄마와 나를 칼로 찌르고 도망칠까 봐 옆에 누가 없으면 잠들지 못했다.

흔히 재채기와 사랑을 숨길 수 없다고 하지만 나는 '사랑' 자리에 '불안'이 와야 한다고 믿는다. 불안을 가진 사람은 티가 난다. 산만하다거나, 감정적이라거나 혹은 불안정하다고 평가받는다. 눈치가 빠른 나는 이런 과정 자체도 감지한다. 그러면 저항할 수 없는 각성 상태에 돌입한다. 반응을 곱씹고, 해결책을 생각하고, 무리에서 버림받지 않기 위해 발악한다.

지난한 과정의 결과가 어떻든 결국 자기혐오로 남는다.

　세상의 무수히 많은 딸이 그러했듯 나는 자기혐오를 소화하지 못하고 원인 제공자인 엄마에게 화살을 돌렸다. 자기혐오에서 '자기'가 떨어져 나오니 더 이상 자기혐오가 아닌 셈이었다. 베를린에 가기 전까지 엄마와 지긋지긋할 정도로 맹렬하게 부닥쳤다. 나는 엄마에게 맞았던 일이나 상처받은 일을 들먹이며 울기도 했고, 지나간 세월을 돌려놓으라며 말로 상처를 주기도 했다. 물론 엄마도 마찬가지로 나에게 퍼부었으니 사실상 동점이다.

　오랜만에 찾은 한국에서 엄마는 또 속을 긁었다. 나는 평소와 다름없이 또박또박 말대꾸했다. 원래 같았으면 눈을 부라리면서 호통을 쳤을 엄마가 갑자기 소파에 주저앉더니 아이처럼 "으앙" 하고 울음을 터뜨렸다. 나는 당황해서 이러지도 저러지도 못했다. 그날 엄마와 딸의 싸움은 높은 확률로 딸에게 불리하다는 걸 처음 알게 됐다. 어린 시절 속에서 뒤죽박죽된 문제가 이제 좀 명료해지려는데, 엄마는 덜컥 나이 들어버렸다.

첫 번째 팔꿈치 수술을 했던 의사에게 새끼손가락에 대한 걱정을 털어놓자, 그는 안경을 벗고 마른세수를 했다.

"솔직히 가능성이 있는 얘기예요. 신경 문제는 확인하기가 어려워요. 엑스레이나 MRI로 정확한 문제점을 찾을 수 없어요."

"그러면 어떻게 해요?"

"신경은 몸에서 가장 느리게 회복하는 신체 기관이에요. 1년이 걸릴 수도 있고, 2년이 걸릴 수도 있어요. 영원히 돌아오지 않을 수도 있고요. 아무도 몰라요."

"신경 재배치 수술도 있다고 하던데요?"

"할 수는 있는데 감각이 돌아올 확률은 반반이에요. 수술해도 아무 일도 일어나지 않을 확률이 높아요."

난감한 표정으로 말을 마친 의사는 내 새끼손가락과 약지를 펜으로 긁었다.

"어때요? 지금 느낌을 기준으로 말해주세요. 감각이 전보다 더 좋아지거나 나빠진 것 같나요?"

"어…… 좋아졌나? 쓰읍…… 아, 아닌 것 같아요. 아무리 생각해도 전이나 지금이나 똑같은 강도로 저려요."

의사는 입을 굳게 다물고 한숨을 참는 듯 '끙' 소리를 냈다. 좋지 않은 징조였다.

"우선은 팔꿈치 인대가 다 펴지면 다시 한번 고민해봅시다. 스트레칭이랑 운동 열심히 하세요. 그러면 돌아올 수도 있어요."

의사의 마지막 말에 나는 완전히 사로잡혔다. 그래. 더 열심히 하자. 최선을 다해보자. 전보다 더 열심히 물리치료실과 헬스장을 다녔다. 집에서도 쉬지 않고 아령 운동을 하고, 물리치료사에게 배운 스트레칭을 했다. 흔적도 없이 사라졌던 팔 근육이 점점 모양을 갖췄다. 팔꿈치 각도도 전보다 훨씬 더 많이 펴졌다.

신경 물리치료는 흥미로웠다. 두 손을 책상 위에 편하게 올려두고, 부드러운 빗으로 한 손씩 번갈아 쓰다듬었다. 뇌가 정상적인 촉감을 기억하게 도와 감각이 돌아오게 하는 치료였다. 오돌토돌 돌기가 있는 마사지볼을 감각이 없는 부위 주변에 동글동글 굴리는 치료도 했다. 촉감이 느껴지는 부분과 느껴지지 않는 부분을 반복적으로 자극해 감각이 전달되는 부분을 좀더 넓게 만드는 과정이었다.

종일 팔꿈치를 빗으로 쓰다듬고, 마사지볼을 굴리고 잠자리에 들기 전에 팔꿈치와 새끼손가락에 감각이 느껴지는 마지노선을 볼펜으로 표시했다. 다음 날 아침에 볼펜 자국을 주변으로 신경이 돌아왔는지 더듬더듬 확인했다. 아주 조금이지만 나아졌다고 믿고 싶었다. 친구와 애인에게 전보다 좋아졌다고 떵떵거려보기도 하고, 얼마나 열심히 치료하고 있는지 떠벌리기도 했다. 하지만 매일 밤 볼펜 자국은 같은 자리에 있었다.

지금까지 치료받은 부위는 느리든 빠르든 모두 회복됐다. 회복의 다른 말은 희망이었다. 다치기 전으로 돌아갈 수 있다는, 바보처럼 추락해버린 사고를 되돌릴 수 있다는 희망 말이다. 나는 몸이 나아질수록 그날의 사고를 삶에서 털어내고 있었다. 이 정도 교훈이면 됐다며 몸을 탈탈 털고, 사고를 자양분 삼아 성장해 새로운 인생을 살아보려고 하던 참이었다. 누군가 상처를 보고 물으면 "뭐, 전에 4미터 위에서 추락한 적이 있지. 사고를 계기로 나는 다른 사람이 됐어" 하며 여유롭게 껄껄 웃는 사람이 되고 싶었다.

그런데 이놈의 새끼손가락은 나를 놔줄 생각이 없었다. 아득바득 붙잡고 늘어져서 같은 자리에 나를 붙들어놓았다.

그것은 내가 노력을 하든 희망을 갖든 관심이 없었다. 여전히 저릿하고 먹먹한 상태로 진전 없이 존재할 뿐이었다. 매일 아침 나를 실망시키면서, 낙담하게 하면서. 좌절이 쌓일수록 이상한 감각은 점점 내 삶의 중심을 차지해갔다. 감각에 주의를 뺏겨 일상에 집중하기 힘들었다. 내가 집착하는지, 감각이 나를 놓아주지 않는지 구분되지 않는 하루하루였다.

―――

삼십대에 갓 들어섰을 때 엄마가 오랫동안 거짓말한 일이 수면에 드러나 크게 화를 낸 적이 있다. 이전의 다툼과는 달랐다. 엄마도 일의 무게를 알았기에 나를 쫓아다니며 사과했다. 엄마에게 인간적으로 실망했고, 배신감을 느꼈다. 그 일로 1년 가까운 시간 동안 일방적으로 연락을 끊었다. 처음으로 장기적인 상담을 받은 계기가 되기도 했다.

엄마에게 나를 속인 이유를 물으니 "괜찮을 것 같아서"라고 했다. 항상 같은 이유였다. 죽도록 싫다고 말해도 엄마가 느끼기에 문제가 없겠다 싶으면 괜찮은 일이 되었다. 엄마는 나를 또 다른 자신이라고 생각했다. 따지고 보면 나를 그토록 때릴 수 있었던 것도 그 때문이었다. 엄마의 폭력은 나를 향했다기보다 자신을 향한 폭력이었다. 그래서 그토록 마음 놓고 때릴 수 있었을 것이다.

몇 개월 동안 이 일에 관한 상담이 이어졌지만 별다른 소득이 없었다. 상담비가 아깝다는 생각에 조바심이 들 때쯤 의외의 순간을 맞았다.

"어머니가 아버지한테서 도망치실 때 항상 성진 씨를 데리고 갔네?"

질문과 함께 눈앞에 장면이 그려졌다. 지금의 나보다 한참 어린 이십대 중반의 엄마가 도망치고 있었다. 혹시라도 쫓아올 남편을 피해 주변을 두리번거리며 허겁지겁 달아나고 있었다. 엄마의 품에는 몇 번의 반복된 도망에도 언제나 함께였던 세 살배기 내가 있었다. 그렇게 엄마는 나를 품에 둔 채로 살았구나. 자신과 내가 구분되지 않을 정도로 깊게도 품었구나.

이 사건 이후 나는 지나간 일에 대해 엄마에게 사과든 설명이든 듣고 싶은 말이 없었다. 비아냥이 아니라 엄마를 이해하고 나니 더 필요한 얘기가 없었다. 물론 엄마는 여전히 엄마였다. 참지 못하고 자신과 나를 동일시하고 통제하고 싶어 했다. 나는 반사적으로 날을 세웠다. 다만 전과는 다르게 날이 무딘 칼이었다. 아이 같이 우는 엄마를 본 날 무딘 칼마저 내려놓기로 했다. 연민이나 동정심이 아니었다. 반사적으로 올라온 원망이 알맹이 없는 관성임을 깨달았기 때문이었다. 엄마를 이해하고 나자 지나간 일은 더는 엄마의 문제가 아닌 내 문제가 되었다. 과거의 흔적을 어떻게 대할 것인가? 앞으로 어떻게 다루며 살아갈 것인가? 오롯이 나에 대한 질문만 남아 있을 뿐이었다.

팔꿈치가 다 펴지고 나서도 새끼손가락이 호전될 기미가 보이지 않아 팔꿈치 신경 이전 수술을 해달라고 의사에게 부탁했다. 의사는 전에 설명했듯 수술 후에도 감각이 돌아오지 않는 경우가 많다고 했다. 그래도 가능성이 있으면 시도해보고 싶다는 말에 의사는 알았다고 했다. 발목에 철심을 빼는 수술을 앞두고 있었기에 팔꿈치 신경 이전 수술도 같이 진행하기로 했다. 사고 후 11개월이 지난 시점이었다. 다른 문제가 없다면 사고와 관련된 마지막 수술인 셈이었다.

오랜만에 간 종합병원에서 익숙하게 환자복을 입고 수술대로 몸을 옮겼다. 여전히 다정한 마취과 의사의 목소리에 잠들어 안정실로 옮기는 도중에 깼다. 정신이 들자마자 새끼손가락을 만졌다. 왠지 전보다 감각이 선명해진 듯했다. 안정실로 나를 옮기는 의사에게 "감각이 나아졌어요!"라고 외치니, 의사는 어깨를 토닥이며 "그래요? 다행이네요"라고 했다. 안정실에서 조금 쉬고 나니 착각이었다는 걸 알았다.

수술 2주 후에 종합병원 의사와 면담이 있었다. 두 번의 팔꿈치 수술을 모두 집도한 담당의였다. 그는 능숙하게 내 팔꿈치를 잡고 접었다가, 폈다가, 세게 쥐었다가, 흔들었다. 조금 아팠지만 견딜 만했다.

"당신의 말이 맞았어요. 신경 주변에 이물질이 신경을 누르고 있었어요. 잠깐 여기를 볼래요?"

담당의는 주머니에서 스마트폰을 꺼내더니 앨범을 열어 사진 한 장을 보여줬다. 수술 중인, 뼈와 살이 다 드러난 내 팔꿈치 사진이었다. 시뻘건 화면에 놀라서 '윽' 소리를 내자 의사는 사진을 보여줘도 괜찮겠느냐고 물었다. 늦어도 한참 늦은 질문에 웃음이 났다. 고개를 끄덕이니 의사는 두 손가락으로 사진을 확대했다. 비비탄 총알보다 작은 흰색 조직이 보였다.

"이걸 제거했어요. 이제 신경이 더 이상 눌리지 않을 거예요."

"그런데 여전히 감각이 돌아오지 않았는데요?"

"네, 안 그래도 그 얘기를 하려고 했어요. 아쉽지만 이미 신경에 손상이 있더라고요. 지난 수술에서 생겼는지, 아니면 언제 생겼는지 모르지만…… 어쨌든 돌아오지 않을 거예요."

"아."

"그래도 이물질을 제거했으니, 기능에는 문제가 없어요. 감각만 달라졌을 뿐이에요."

다행이라고 생각하지 않으면서도 할 말이 없어서 "다행이네요"라고 대답했다.

"그런데요, 감각이 이상해서 불편해요. 손가락부터 팔꿈치까지 계속 저리니까 기분이 나빠요."

"익숙해지세요."

담당의는 표정 하나 바꾸지 않고 말했다.

"일상적인 감각의 기준을 지금으로 맞추세요. 이제 이게 당신의 일상이에요."

집에 가는 길에 담당의의 얼굴을 다시 떠올리니 짜증이 났다. 평생 기이한 감각과 살아가야 하는 마음을 알지도 못하면서, 기준을 맞추라 마라…….

얼마 후 정형외과를 찾아 종합병원에서 있었던 일을 하소연하니 돌려 말할 줄 모르는 의사는 고개를 끄덕거렸다.

"그분 말이 맞아요. 당신이 새끼손가락에 집중하는 만큼 뇌는 감각을 크게 느낄 거예요. 무시하세요. 그래야 뇌가 인지를 못 해요."

더는 핑계도 없어 의사의 말을 따라 감각을 무시하는 연습을 시작했다. 아침에 눈을 떴을 때 손가락을 확인하지 않고 바로 화장실로 가 양치했다. 습관적으로 새끼손가락을 쓰다듬다가도 이내 다른 곳으로 주의를 돌렸다. 신기하게 점점 감각에 익숙해졌다. 오랫동안 까먹고 있다가 문득 '아, 맞다. 나 다쳤었지' 하는 일이 많아졌다.

후유증에 익숙해지는 과정은 과거를 인정하는 방식과 닮았다. 되돌릴 수 없음을 인정하고 더 이상 집착하지 않는, 미련 없이 현재를 받아들이고 다가올 일에 집중하는, 결국에는 자유로워지는 여정이었다. 묘한 감각도, 폭력의 기억도 결국 지나간 자리에 남은 흔적이다. 나에게 더는 영향을 끼치지 않는, 이미 소화한 문제가 주는 관성에 더는 밀리고 싶지 않다. 관성에 쏠 힘을 앞으로 다가올 수많은 고통을 위해 기꺼이 아끼겠다. 이건 남은 삶을 기가 막히게 잘 살아보겠다는 거창한 선언이다.

완치

"완치입니다. 더는 병원에 오지 않아도 돼요."

의사가 완치라고 하니 완치였다. 진료실 문을 닫기 전까지 분명 환자였는데 열고 나오니 아닌 셈이었다. 기쁘지도, 놀랍지도, 슬프지도 않았다. 끝이라고 하면 다인가? 완치라는 거창한 단어를 쓰려면 좀더 뭔가 있어야 하지 않나? 이게 전부라고? 물론 완치가 아닐 이유는 없었다. 나는 두 발로 뛸 수 있었고, 까치발도 할 수 있었다. 팔꿈치는 진작에 펴졌고, 무거운 물건도 번쩍번쩍 들었다. 굳이 완전하지 않은 걸 찾자면 마음의 준비였을까?

그렇지도 않았다. 나름대로 정신적인 외상을 돌보려고

노력했다. 이를테면 사고가 나고 석 달 이후부터 회복 과정을 글로 정리했다. SNS 팔로워를 대상으로 독자를 모집했고, '문제적 회복기'라는 제목으로 일곱 번의 메일을 썼다. '정신의 문제', '육체의 문제', '언어의 문제', '환경의 문제', '권력의 문제', '관계의 문제', '문제의 문제'가 각 꼭지의 이름이었다. 문제라고 생각했던, 해결하고 싶었던 요소를 하나씩 들여다보는 글이었다. 마지막에는 어떤 것도 문제가 아니었다는, 그저 발생한 사고일 뿐이었다는 결론이었다.

유체 이탈 이야기나 몸에게 전하고 싶은 말같이 밖으로 꺼내지 못했던 얘기를 메일에 적었다. 당시 쓴 글 대부분이 이 책의 기반이 됐다. 꾸미지 않고 지난 일을 솔직하게 썼다. 글쓰기는 좋든 싫든 지난 일을 곱씹어야 하니 회복에 도움이 됐다. 독자에게 메일도 많이 받았다. 투병 중인 독자도 있고, 해리 증상을 겪는 독자도 있었다. 안팎으로 긍정적인 경험이 쌓여 글을 마칠 때쯤에는 한결 마음이 정돈됐다.

그러니까 완치 소식이 반갑지 않을 리 없었다. 하지만 나는 한없이 무덤덤했다. 기가 막히게도 그즈음부터 다시 울컥하기 시작했다. 갑자기 눈물이 나려고 했고, 사고의 순간이 번쩍번쩍 머릿속에 나타났다. 일도 하고, 글도 쓰면서 야무지게 일상을 보내는 와중에도 속이 울렁거렸다. 모든 일이 제자리로 돌아왔는데 마음이 뒤숭숭했다.

왜 문득 '문제적 회복기'가 떠올랐을까? 보낸편지함 목록에서 스크롤을 한참 내리고 나서야 지나간 글을 찾을 수 있었다. 막상 읽고 보니 기억과 달랐다. 당시에는 회복 중에 느낀 마음을 온전히 털어놨다고 생각했는데 아니었다. 오히려 털어놓으면 멈출 수 없이 쏟아질까 봐 황급히 마무리하는 글에 가까웠다. 마지막 편을 읽었을 때야 그때의 내가 뭔가를 뱉을 기운조차 없는 환자였다는 걸 눈치챘다.

편집자님을 졸라 두 번째 책의 주제를 회복기로 바꿨다. 기가 막힌 회복기를 써보겠다고 호언장담했는데 원고를 쓰는 매 순간 이 말을 주워 담고 싶어서 이마를 쾅쾅 쳤다. 특히 원고 초반에는 기가 막히게 쓰기는커녕 한 글자도 못 썼다. 아니, 쓰기는 했는데 종일 걸려서 한 페이지 정도 쓰면 다음 날 아침에 일어나서 몽땅 지워버렸다. 장인의 글쓰기나 완벽주의자의 히스테리를 흉내 낸 게 아니다. 속에서 일렁이는 감정의 정체를 모르니 무엇을 써도 의미가 없었던 것이다.

아주 쨍쨍한 초여름, 출근 중에 팟캐스트 〈영혼의 노숙자〉를 들었다. 내가 다치고 얼마 되지 않아 나왔던 에피소드였다. 처음 올라왔을 때 한 번 말고는 손이 가지 않아 다시 들은 적 없었다. 무슨 얘기를 했는지조차 기억나지 않았다. 길 한복판에서 웃음을 참느라 혼났다. 특히 강한 마취약을 맞고 성대에 힘이 들어가지 않아 "툿 베— 툿 베에에—tut weh(독일어로 '아프다'는 뜻)" 하고 염소처럼 소리친 에피소드가 참 웃겼다. 입을 가리고 큭큭 웃는데 눈에 눈물이 고였다. 호르몬 조절이 안 되는 사람처럼 웃다가 울다가를 반복했다. 주먹으로 쓱쓱 눈물을 훔치면서 이제 다시 글을 쓸 수 있겠다고 생각했다.

"선생님, 제가요. 이번에는 달랐다고 생각했거든요. 그런데요. 팟캐스트에서 제가 부상에 대해 얘기한 걸 다시 들었는데요. 또 비웃었어요. 저는 건강하게 유머로 해소한 줄 알았어요. 근데 아니었어요. 스스로를 비아냥거리면서 똑같이 두고 왔어요."

상담 선생님께 오랜만에 연락해 화상통화가 연결되자마자 말을 쏟았다. 보통 내가 먼저 말하는 일은 잘 없었다.

"저 알았어요. 두고 온 게 몸이 아니었어요. 저였어요. 몸에게 하고 싶은 말을 전했던 것도, 결국에는 해리였어요. 몸은 저예요. 따로 몸이 있지 않아요. 그냥 저예요. 저는 저를 두고 왔어요. 이번에는 데려온 줄 알았는데 사고 자리에, 병실에, 수술실에 그대로 누워 있어요. 또 두고 왔어요."

선생님이 끼어들 틈도 없이 주절주절 말하다가 끝에는 울음이 터졌다. 눈물이 멈추지 않아서 자꾸만 눈을 비볐다. 숨을 쑵, 쑵 들이쉬며 흐느끼기도 했다. 자신의 얘기를 하며 울기. 몇 년간 이어진 상담 목표를 처음으로 이룬 날이었다.

글을 쓰면서 나는 볼더링 스튜디오에 누워 비명을 지르는 내 옆에 누웠다. 수술대에 누워서 몸을 떨며 두려워하는 나의 머리를 쓰다듬었다. 트람 바닥에 넘어져 발버둥 치는 나를 안았다. 감각이 없는 새끼손가락을 깨물며 불안에 떨던 나를 달랬다. 가끔은 본의 아니게 어린 시절로 돌아가 잊고 있던 나와 만나기도 했다. 모두 두고 온 나를 데리고 오기 위함이었다.

이쯤이면 완치일까? 고난이 닥치면 또 나를 두고 올 게 뻔한데, 치료됐다고 할 수 있을까? 그렇다고 대답하겠다. 두고 오면 금방 가서 데려오면 되니까, 발견하면 되니까. 대신 나에게 좀더 시선을 두는 태도는 두고 온 몸을 늦지 않게 알아차리기 위한, 평생에 걸친 재활이 될 것이다.

영화 〈시계 태엽 오렌지〉의 대사가 떠오른다.

"나는 완전히 치료됐다. I was cured, all right."

완치를 기념하는 마지막 농담이다.

몸을 두고 왔나 봐

©전성진, 2025

초판 1쇄 발행 2025년 10월 29일

지은이 전성진

펴낸곳 ㈜안온북스 펴낸이 서효인·이정미
출판등록 2021년 1월 5일 제2021-000003호
주소 서울시 마포구 월드컵로14길 28 301호
전화 02-6941-1856(7) 홈페이지 www.anonbooks.net
인스타그램 @anonbooks_publishing
디자인 피포엘 제작 영신사

ISBN 979-11-92638-74-4 (03810)

| 이 책의 내용을 재사용하려면 반드시 사전에 저작권자와 (주)안온북스의 서면 동의를 받아야 합니다.
| 인쇄, 제작 및 유통 과정에서의 파본 도서는 구입처에서 교환해드립니다.